딴따라 땡까송 노래하다

서판석 지음

교음사

| 책을 내며 |

너라는 산, 내 인생의 노래

  나는 가수가 아닙니다.
  화려한 조명과 뜨거운 함성 대신, 묵묵히 어둠 속에서 무대를 빛낼 별들을 키워왔습니다.
  남진, 송대관, 문주란, 이수미, 이남이, 최병걸, 권태수, 선우혜경, 방미, 이정선과 해바라기, 이광조, 이주호, 엄인호, 한영애, 양홍섭, 전원석, 김혜연, 서주경, 서지오, 홍주, 장태희…
  이름만 들어도 노래가 귓가에 들려오는 그들은, 저와 함께 꿈을 꾸었던 가수들입니다.
  저는 그들의 첫걸음을 지켜보고, 그들이 걷는 길을 닦으며, 더 큰 세상으로 나아갈 수 있도록 돕는 사람이었습니다. 가수를 꿈꾸는 이들이 무대에서 빛날 수 있도록, 보이지 않는 곳에서 온몸을 불살랐습니다.
  매니저, 프로모터, 작사가라는 이름으로 1970년부터 코로나 이전인 2020년까지, 무려 반세기 동안 무대를 뒷받침해 왔습니다.
  그들의 노래가 세상에 울려 퍼질 때마다 저는 무대 뒤에서 조용히 박수를 보냈습니다. 그 그늘은 깊었고, 외로웠고, 격정적인 싸움의 연속이었습니다. 프로모션, 방송 PD와의 로비, 스케줄 협상….

그 모든 것을 감당하는 일은 나에게는 말 못 할 불안과 스트레스를 동반했습니다.

그 무게를 견디게 해준 것은 바로 산이었습니다.

산은 저의 친구이자 탈출구였고 은신처였으며, 가장 솔직한 제 자신과 마주하는 곳이었습니다. 숨이 턱까지 차오르는 가파른 오르막길에서 저는 비로소 불안을 털어내고, 정상에서 마주하는 탁 트인 풍경 속에서 다시 일어설 힘을 얻었습니다.

산은 저에게 침묵 속의 위로를 건네고, 흔들림 없는 굳건함을 가르쳐 주었습니다. 싸움의 끝에서 저를 회복시키는 자유의 신전이었습니다. 30여 년 넘게, 일주일에 한두 번씩 산에 올랐습니다. 그건 운동도, 힐링도 아닌 생존이었습니다.

2~3킬로를 오르는 동안에는 아무 생각도 할 수 없었습니다. 그래서일까요, 어느 순간부터 사람들은 저를 '산꾼'이라 불렀습니다.

그래요, 저는 '노래를 키운 산꾼'이었습니다.

'매니저'라는 허울 속에서 살아온 한 사내였고 이제는 무대를 내려놓고 비로소 제 인생을 살아가는 중입니다.

하지만 이제는 압니다. 모든 것이 과정이었음을. 그 노래들과 그 산들과 그 발자취들이 모두 내 인생의 노래였음을.

그래서 말할 수 있습니다.

나는 지금 이 세상에서 제일 행복한 사람입니다.

2025년 가을. 저자 *서판석*

| 차 례 |

▶ 책을 내며

1. 딴따라 인생의 무대에서
딴따라, 인생의 무대에서 노래 … 16
대중음악학에 대한 고찰 … 18
한국 대중가요의 발전사 … 22
AI 시대의 대중가요, 그리고 감정의 잔재 … 27
오디션 프로그램은 '기회의 장'인가, '기계적 환상의 전시장'인가 … 31
가수는 서바이벌 프로가 아니라 세월이 만든다 … 35
울고 웃고 부르고 흥얼거리며 … 39
가요무대 출연 가수들의 인생 서사 … 43
노래방은 인생의 박물관이다 … 48
서 프로의 길 … 52
남진과 송대관 … 55
문주란과 이수미 … 57

2. 딴따라의 길
딴따라의 길 1 … 60
딴따라의 길 2 … 62
딴따라, 땡까송 노래하다 … 64
왜 딴따라였는가? 왜 땡까였는가? … 66

딴따라는 세상을 웃기고 울린다 … 68
딴따라의 눈물, 땡까의 웃음 … 70
딴따라는 무명일 때 진짜를 배운다 … 72
딴따라, 노래로 자서전을 쓰다 … 74
딴따라 인생 음악이 전부였다 … 76
매니저 삼시기 … 78
땡까음 금지선언 … 79
소리로 말하다 … 85

3. 뽕짝은 철학이다

뽕짝은 철학이다 1 … 90
뽕짝은 철학이다 2 … 92
최병걸과 방미, 그리고 탑뮤직의 황금기 … 95
노래는 기록이다 … 97
노래는 누가 대신 살아 준 이야기다 … 98
노래는 기교 이전의 감정이다 … 100
가수는 노래를 고르기도 하지만, 노래가 가수를 고르기도 한다 … 102
노래는 제목이다 … 104
내가 만든 그 노래가 나를 만들었다 … 106

내가 부른 노래가 나를 말해준다 … 108
내가 부른 노래가 너다 … 110

4. 짤송은 시대의 풍경이다
짤송은 시대의 풍경이다 … 114
짤송은 공동체의 기억 창고다 … 116
땡까송, 그것은 해학이다 … 118
내 음악의 뿌리, 이정선과 해바라기 그 시절 통기타의 풍경 … 120
소리는 기술이 아니고 기억이다 … 122
기교 아닌 진심, 기술 아닌 생존 … 124
히트곡 하나 실패한 곡 99개 … 126
노래는 진실의 온도에서 살아남는다 … 128
노래는 나를 기억하게 만든다 … 130
노래 그건 내 인생이었다 … 132
가수는 노래 한 곡으로 만들어지지 않는다 … 134
가수는 노래하나를 만드는 일이 아닙니다 … 136

5. 뽕짝의 역사

뽕짝은 소시민의 역사다 … 140
뽕짝의 역사 … 142`
김혜연·서주경·서지오 … 144
딴따라 땡까의 심장을 말하다 … 147
내 인생의 노래 … 148
진짜 가수는 소리를 부리지 않는다 … 150
진짜 가수는 목보다 눈빛이다 … 152
운명도 무대도 모두가 내 교과서였다 … 154
녹음실보다 시장통이 무서웠다 … 156
히트보다는 진짜 노래를 남기고 싶다 … 158
무명이란 이름의 찬란함 … 160
무명은 죄가 아니다 … 162
무대는 거짓을 이기지 못 한다 … 164
한지 위에 인생을 써내려 … 166
작사는 가슴으로 써라 … 168
노래하는 딴따라, 춤추는 삐에로 … 170
가면의 서시 광대와 삐에로 … 172

6. 지·공·남 딴따라

땡까송, 그것은 해학이다 … 176

지·공·남「지하철에서 만난 철학」… 178

탑골공원과 동묘, 세월이 머무는 거리 … 181

공짜 지하철을 타는 남자 … 184

경복궁에서 세계를 보다 … 187

서울역, 떠나는 것들의 철학 … 190

장태희와 홍주 … 193

땡까음 금지론 … 195

그래서 나는 이 기획에 참여했습니다 … 200

시대에 밀려난, 한 퇴역 딴따라 … 202

에필로그 … 204

1

딴따라 인생의 무대에서

딴따라, 인생의 무대에서 노래
 - 스포트라이트보다 마음을 믿은 사람

조명은 늘 남을 비췄고 나는 그 뒤에서 걸었지
남진의 그림자, 송대관의 숨결 그 뒷모습이 나의 시작이었다
무대는 내 것이 아니었지만 박수 소리엔 내가 있었다
노래하는 그들을 위해 나는 모든 걸 걸었다

딴따라, 인생의 무대에서 이름 없이도 빛나고 싶었다
스타의 노래 뒤 진심을 짜내던 그게 나의 예술이었다
누구도 몰라도, 나는 나를 알았다
이 무대는 나의 인생이다

선우혜경의 눈물 속에, 방미의 웃음 속에
김혜연의 무대 위 표정, 장태희의 가야금 한 줄
그들의 인생을 이어 기획한 건 노래가 아니라
삶이었다 진심이었다

딴따라, 인생의 무대에서 스포트라이트는 남겨두고
나는 뒤에서 조용히 노래를 만들었다
한 곡에 한 생을 담아 그저 울리지 않기 위해
모든 걸 걸었다

무대가 끝나면 사람들은 잊겠지만
이 노래만은 그들의 가슴에 남을 것이다
딴따라, 그 이름으로 나는 살았다 박수 소리엔 내가 있었다
노래하는 그들을 위해 나는 모든 걸 걸었다

딴따라, 인생의 무대에서 이름 없이도 빛나고 싶었다
스타의 노래 뒤 진심을 짜내던
그게 나의 예술이었다
누구도 몰라도, 나는 나를 알았다
이 무대는 나의 인생이다

무대가 끝나면 사람들은 잊겠지만
이 노래만은 그들의 가슴에 남을 것이다
딴따라, 그 이름으로 나는 살았다

대중음악학에 대한 고찰

- 산업, 정서, 예술, 존재 사이에서 대중가요를 다시 묻다

음악은 누구의 것인가

음악은 보편적인 감각 예술이다.

그러나 '대중음악'은 언제나 예술성과 상업성 사이에서 긴장을 안고 출발한다.

클래식은 예술의 이름으로 분류되고, 전통음악은 민족의 유산으로 박제되지만, 대중음악은 오락성과 상업성이라는 이유로 연구에서조차 배제되기 일쑤다.

그러나 우리는 묻지 않을 수 없다.

"가장 많은 이들이 듣고, 부르고, 울고 웃는 음악이 어째서 가장 덜 다뤄지는가?"

대중음악학은 바로 그 물음에서 시작된다.

대중음악의 본질: 소비인가, 표현인가

음악의 대중화와 자율의 축소

과거 예술 음악이 소수의 특권층과 작곡가의 창조 중심이었다면, 대중음악은 기술의 발달과 매체의 발전을 통해 청중을 '수동적 감상자'가 아닌 '선택하는 소비자'로 전환시켰다.

그러나 이 선택은 자유이면서도, 대중이 자율적으로 음악을 만들기보다 기획된 음악을 수용하게 되는 시스템적 수동성을 낳는다.

"음악은 민주화되었지만, 동시에 산업화하며 정서의 자본화가 이루어진다."

감정의 상품화, 취향의 표준화

오늘날의 대중음악은 정서의 정확한 표준화를 통해 기획된 사랑, 조율된 이별, 연출된 위로를 공급한다.

발라드는 '이별용', 트로트는 '중장년용', 힙합은 '자기과시용'처럼 장르별 감정 사용법이 고정된다.

이러한 경향은 감정조차 시장 논리에 따라 구성되는 감정의 상품화 구조를 드러낸다.

한국 대중음악의 특수성

서사적 음악의 강세

한국 대중음악은 강한 서사성을 특징으로 한다.

이는 한국인의 문화 감수성과도 밀접하다.

김광석의 「이등병의 편지」, 패티김의 「이별」, 송대관의 「네 박자」, 방탄소년단의 「봄날」까지도.

이 모든 음악에는 단순한 멜로디 이상의 집단적 정서와 세대 기억이 내포되어 있다.

한국 대중가요는 단순한 노래가 아니라 '공동체적 정서의 기록장'이다.

트로트 vs K-POP: 기억과 미래의 공존

트로트는 고단한 현실을 견디는 감정의 축적물이며,

K-POP은 글로벌화 된 기획 시스템과 퍼포먼스의 결정체다.

이 둘은 대립하지 않는다.

오히려 이들은 '과거의 정서를 기억하게 하는 음악'과 '현재를 표현하는 음악'의 이중 구조를 형성하며, 한국 대중음악의 정체성을 더욱 풍부하게 만든다.

대중음악학이 묻는 질문들

누가 대중인가?

대중은 고정된 집단이 아니다.

시대마다 다르고, 기술마다 다르며, 플랫폼에 따라 재구성된다.

따라서 대중음악학은 음악을 분석하기 전에 '청자 공동체'를 먼저 정의해야 한다.

무엇이 음악인가?

자작곡만이 예술인가? 댄스곡, 립싱크, MR 공연은 음악인가? 오디션 프로그램에서 만들어진 '곡'은 창작물인가?

이 질문들은 대중음악학이 음악을 미학적으로만이 아니라, 존재론적으로 재정의해야 함을 시사한다.

대중음악학의 필요성과 미래

대중음악학은 '가요'를 평가하기 위한 기준이 아니라, '왜 우리는 이 노래를 듣는가'를 성찰하는 학문이다.

이 학문은 기억되지 않는 감정을 복원하고 기록되지 않은 역사적 맥락을 해석하며, 언젠가 사라질지도 모를 민중의 노래를 학문으로 존속시킨다.

대중음악학은 가장 많은 사람이 듣지만 가장 적게 존중받는 소리를 '존중의 언어'로 바꾸는 작업이다.

한국 대중가요의 발전사

- 시대별 고증과 문화 흐름의 총체적 고찰

일제강점부터 해방까지(1920~1945)

일본 제국주의 지배하에서 한국의 창작가요는 극심한 검열을 받았다. 항일 의지를 담은 저항가요, 민중노래, 독립가요, 노동요, 민요 등은 금지되거나 은밀히 전파되어 서민들은 민요와 판소리, 무성 축음기를 통해 공동체적 슬픔과 희망을 공유하였다.

대표 인물: 남인수, 박시춘, 반야월, 손석우

매체/공연: 악극단, 축음기, 지방무대

한국전쟁과 미8군 문화 유입기(1950~1960)

6·25 전쟁 이후 주한 미8군 주둔의 문화적 영향

전쟁 후 유엔군(특히 미군 약 7만 명)이 동두천, 의정부, 오산, 쑥고개 등에 대거 주둔한 미8군은 매주 토요일 위문 공연인 패키지쇼(Package Show)를 개최하였다.

국내 연예인 다수가 미군 무대에서 활동하며 팝, 재즈, 소울,

R&B, 라틴, 스탠더드 등 새로운 문화를 흡수하여 이를 통해 한국 대중가요의 질적·양적 르네상스가 도래하였다.

대표 인물: 최희준, 윤항기, 위키리, 차중락, 조영남, 패티김, 현미, 한명숙, 김상희, 장미화

작곡가: 박춘석(한국의 베토벤), 길옥윤, 이봉조, 신중현 등

이 시기의 문화 경험은 훗날 K-POP과 BTS로 이어지는 글로벌 감각의 출발점이 되었다고 평가된다.

DJ 문화와 음악살롱이 이끈 한국 가요의 숨은 역사

― 명동의 쉘브르, 종로의 쎄시봉, 그리고 목소리의 시대

1970~80년대, 라디오는 음악을 전파하는 중심 채널이었고, DJ는 가수와 청중을 잇는 감정의 해설자였다.

최동욱은 한국 최초의 DJ로서 DBS의 〈탑튠쇼〉를 통해 팝 음악을 대중화했고,

이종환은 〈밤의 디스크쇼〉와 명동 쉘브르를 통해 수많은 신예를 이끌며 '이종환 사단'을 형성했다.

박원웅은 〈별이 빛나는 밤에〉로 청춘의 감성을 울렸고, 종로 쎄시봉에서 이장희, 조영남. 윤형주, 송창식 김세환 등이 활동하며 포크음악의 요람을 만들었다.

이들은 단순한 방송인이 아닌, 한국 가요를 음악적 감성과 예

술의 차원으로 이끈 주역들이었다.

그들의 목소리와 무대는, 시대의 정서를 음악으로 엮어낸 보이지 않는 무대 뒤의 예술이었다.

트로트의 황금기와 시스템화(1970)

미8군 문화 일부 철수 이후, 국내 음악시장은 트로트, 고고, 디스코, 댄스 등으로 분화되었다.

매니저-기획사-프로덕션 시스템이 본격 도입됨.

극장쇼 → 방송 중심 → 레코딩 중심으로 음악 유통구조가 변형된다.

이 시기 한국적 정서와 서구 리듬이 접목된 'K형 대중가요'의 원형이 형성된다.

대표 스타: 최희준, 이미자, 남진, 나훈아, 하춘화, 혜은이, 주현미, 김연자

음악 형식: 테이프, LP 앨범, 극장 투어, 매니지먼트 계약

검열과 탄압, 그리고 저항의 시대(1975~1987)

대마초 사건과 군사정권의 문화 검열

1975~77년 '대마초 파동'으로 수십 명의 가수·작곡가 검거되었다. 그런 뒤 중앙정보부 및 문화공보부 주도로 매달 사전·사후

심의가 강행되었고, '사상가요', '퇴폐가요', '왜색가요'라는 명분으로 히트곡조차 금지되었다.

금지곡	가수	금지 사유
아침이슬	양희은	민주화 상징
돌아와요 부산항에	조용필	퇴폐적 정서
님은 먼 곳에	김추자	일본풍 멜로디
물 좀 주소	한대수	절망감 조장

창작자들은 자기검열에 익숙해지고, 사회적 메시지를 담은 노래는 점점 사라지게 된다.

방송 권력화와 시스템의 고착(1980~1990)

전두환 정권하 '문화계도 정책' 실시 → 안전한 가요만 허용

방송 PD의 영향력이 절대화되어 방송 출연 여부는 PD의 결정에 크게 좌우되었다.

1980년대 중반 이후, 대규모 PD-매니지먼트 유착 사건 발생하였다.(1989년 내물수수사건 포함)

이 사건은 기존 20여 개 대형 기획사의 몰락으로 이어짐으로 산업 재편되었고 이 틈을 타, 독립형 가수(현철, 송대관, 태진아 등)가 부상하며 트로트 제2의 부흥기를 열게 된다.

디지털 전환과 세계화의 가속(2000~2020)

인터넷, MP3, 벨소리, 모바일 콘텐츠 확산되었고 2002월드컵, 2010년 이후의 오디션 프로그램 열풍이 시작되었다.

TV조선, MBN 등 비지상파 채널의 가수 육성형 콘텐츠 도입.

TV 기반 인기 → 행사 출연 → 앨범 미발표 가수의 양산으로 가수의 자율성과 철학 대신 '티비형 가수'가 대세화되었다.

오늘날: K-POP의 세계화와 다시 돌아보는 뿌리

서태지와 아이들, 싸이, BTS, 블랙핑크, 뉴진스 등 K-POP의 글로벌 정점 그러나 그 뿌리는… 미8군 문화 교류, 검열과 검열을 넘은 저항, 트로트를 통한 정서 전파이다.

극장을 떠나 무대에서 쌓은 수많은 무명가수의 예술성.

우리가 오늘의 가요계를 말할 수 있는 이유는, 그 모든 시간의 축적이 '한 곡의 노래'가 되어 우리 가슴에 남았기 때문이다.

마무리 제언

'노래는 시대의 거울이며, 가수는 정서의 사자(使者)이다.'

AI 시대의 대중가요, 그리고 감정의 잔재

- 땡까송으로 본 대중음악의 좌표

음악은 인간의 것인가?

21세기 중반, 음악은 더 이상 인간만의 것이 아니다.

작곡은 알고리즘이, 편곡은 모델이, 보컬은 합성기가, 심지어 청취 추천까지 인공지능이 결정한다.

우리는 묻는다.

"그렇다면 음악에서 인간은 어떤 존재로 남는가?"

"감정, 기억, 경험이 사라진 자리에 음악은 여전히 예술일 수 있는가?"

이 글은 'AI 시대'라는 급진적 환경 변화 속에서 대중가요의 존재론과 사회문화적 기능을 철학적으로 재정의하고자 한다.

대중가요의 전통적 정의와 기능

감정의 기록이자, 민중의 구술문학

대중가요는 한 시대의 정서적 축적물이었다.

문맹률이 높던 시절, 노래는 말보다 빠른 전달 수단이었고, 민주화 이전의 검열 시기에는 노래가 진심과 저항을 대신 표현하는 언어였다.
→ 즉, 대중가요는 말할 수 없는 것들의 노래였다.

산업화 이후 : 상품화와 감정의 패키징
1980년대 이후, 대중음악은 시장 제품으로 전환된다.
감정은 포장되고, 멜로디는 최적화되고 사랑과 이별조차 리듬 안에서 디자인된다.
이 과정은 결국 음악의 기계화를 예고하는 기술적 문명사의 흐름이었다.

AI 시대의 음악 : 기능, 지배, 감정의 복제
생성형 음악과 인간의 소외
AI는 작곡가, 편곡가, 작사가, 심지어 보컬까지 대체할 수 있다.
AI는 '슬픈 발라드', '흥겨운 트로트'라는 지시어만 주면
감정조차 패턴화하여 구현한다.
이제 감정은 표현되는 것이 아니라, 명령되는 것이다.

기능의 확장, 존재의 축소
음악은 이제 생산은 자동화되었고, 유통은 알고리즘이 통제하

며, 소비는 피드 기반에 따른 '추천 수동성'으로 이루어진다.

우리는 더는 고르지 않고 들려주는 것을 듣는다. 그 결과 인간은 더 이상 음악의 '창조자'가 아니라 '청취 노출 수혜자'로 전락한다.

그렇다면 트로트 땡까송은?

땡까송의 의미

'땡까송'은 인간의 감정, 그중에서도 억눌림, 억울함, 사회적 풍자를 담아내는 트로트 서사이다.

이 노래는 AI가 흉내 낼 수 있는 구조(가사+후렴+리듬)는 가질 수 있으나, 경험에서 비롯된 감정의 주파수는 결코 가질 수 없다.

→ 땡까송은 '기술'로 만들어질 수 있지만 '공감'은 기술 밖이다.

인간 – 음악 관계의 복원

땡까송은 말한다.

"노래는 만드는 것이 아니라, 살아내는 것이다."

이 말은 AI 시대에도 음악이 인간의 정체성을 담는 수단으로써 지속되어야 함을 주장한다.

AI는 구조를 재현할 수는 있어도, '슬픔의 냄새'와 '분노의 뉘앙스'는 흉내 낼 수 없다.

AI 이후, 대중가요는 어디로 가는가

　대중가요는 더 이상 인간의 독점물이 아니다. 그러나 그렇다고 인간의 감정까지 기계에 위임해선 안 된다.

　대중음악이 살아남는 길은 기술을 따르는 것이 아니라, 기술을 넘어서는 감정의 무게를 회복하는 것이다.

　'땡까송'은 이 시대의 마지막 정서적 경계선이다.

　그것은 비록 촌스럽고 낡았을지라도 "나는 살아봤다. 나는 느껴봤다."라고 선언하는 음악적 존재의 증명서이다.

오디션 프로그램은 '기회의 장'인가, '기계적 환상의 전시장'인가
- 가수의 예술성과 대중가요의 본질에 대한 철학적 성찰

오디션 프로그램의 사회적 열광과 그 이면

21세기 한국 대중 음악계는 전례 없는 시스템화와 방송 중심 구조를 갖추며, '오디션 프로그램'이라는 서바이벌 장르를 통해 수많은 신인을 대중 앞에 내세웠다.

'기회의 평등', '무명에서 스타로', '재능의 발굴'이라는 수식어는 어느덧 당연한 명분처럼 자리 잡았고, 수많은 청춘은 마치 통과의례처럼 이 무대에 올라 '심사받는 삶'을 택한다.

그러나 우리는 질문해야 한다.

"그들이 심사받고 있는 것은 진짜 노래인가, 아니면 감정의 연기인가?"

"가수가 된다는 것의 본질은, 과연 방송 출연권을 따내는 것인가?"

대중가요의 본질: 노래란 무엇인가?

음악의 기원과 예술성

인류학자들에 따르면, 노래란 인간이 처음으로 감정을 외부로 발화한 원초적 예술이다.

노래는 삶의 경험과 감정, 시간의 깊이를 녹여낸 영혼의 진동이다. 대중가요 역시 단순한 흥행 상품이 아닌, 시대를 기록하고 민중의 언어와 정서를 담는 집단적 서사의 일부였다.

트로트와 인생의 노래

트로트는 단순한 리듬 음악이 아니다.

그것은 눈물의 박자요, 생존의 선율이다.

태생적으로 '세월을 안다'라는 감각, '한(恨)'의 기억, '이별과 인내'의 정서가 포함된다.

이는 단지 음정과 박자를 넘어서는 경험의 서사이며, 노래는 흘러가는 인생의 발화일 뿐이다.

오디션 프로그램의 기계적 구조와 영혼 없는 노래

음악의 표준화: 제작되는 감정

오늘날의 오디션 프로그램은 감정조차 조율된 상품을 요구한다.

제작진은 출연자에게 '감정을 넣어라'고 요구하면서, 동시에 '사연의 경쟁'을 유도한다.

많은 참가자가 기성곡을 반복 편곡하여 부르며, 자신의 음악

세계가 아닌 '선택된 이미지'로 소비된다.

그 결과, 무대는 '자기 이야기를 담은 노래'가 아니라, '성공을 위한 기능적 퍼포먼스'가 된다.

심사의 역설: 평가자는 누구인가?

더욱 씁쓸한 사실은, 오디션 프로그램이 전·현직 대회 출신자들을 심사위원으로 올리며 참가자를 다시 '심사'하는 역전의 풍경을 만들어 낸다는 것이다.

'진짜 노래'란 무엇인지 안다고 자부하던 가수들조차, 이제는 시스템 일부가 되어 새로운 '모범답안'을 재생산한다.

심사받는 선배의 모습은 예술이 방송 포맷에 무릎 꿇는 현실을 적나라하게 보여준다.

거대 방송 권력과 예술가의 존엄성

출연권의 자본화

오늘날 방송 출연은 노래보다 중요한 '상품성 자격'이 되었다.

가수는 노래를 부르기 전에, 방송국에 출연시킬 만한 서사, 얼굴, 소비 가능성을 입증해야 한다.

거대 방송사의 '오디션'은 더 이상 기회의 평등이 아니라, '상품 가치 테스트'일 뿐이다.

진정한 가수는 누가 만드는가?

진짜 가수는 무대가 아니라 자신 안의 침묵과 고독 속에서 만들어진다. 방송은 가수를 보여 줄 수는 있으나, 만들 수는 없다.

오디션은 '누가 가장 정확하게 따라 부르나'를 보는 게 아니라, '누가 삶을 노래할 수 있는가?'를 물어야 한다.

가수의 예술성 회복과 오디션의 자기성찰

오디션 프로그램은 단기적 유행을 만들 수 있으나, 진짜 음악사를 쓰지는 못한다.

음악은 경쟁이 아니라 공명(共鳴)이며, 가수는 판정 대상이 아니라, 공감의 예술인이다.

이제는 '어떻게 부르는가'보다, '무엇을 노래하는가'가 중심이 되어야 한다.

가수는 서바이벌 프로가 아니라 세월이 만든다
– 기존 대중가수들의 예술성과 존재 가치를 조명하며

가수의 의미가 변질되고 있는 시대

21세기 대중가요는 콘텐츠 소비 중심의 미디어 생태계 안에서 '가수'라는 정체성을 방송 기획의 부속품처럼 취급하기 시작했다. 특히 서바이벌 오디션 프로그램의 등장은 가수라는 직업을 단지 선택과 탈락의 구조 속에서 경쟁과 심사를 통과한 자의 타이틀로 환원시킨다.

이 과정에서 '노래'는 콘텐츠가 되고, 가수는 일시적 스타로 소비되며, 그 이름은 플랫폼 안에서 빠르게 잊힌다.

그러나 우리는 묻지 않을 수 없다.

가수란 정말 '프로그램이 발굴해 내는 존재'인가? 아니면 세월과 함께 익어 가며 인생을 노래로 바꾸는 사람인가?

기성 가수의 정체성: 예술로서의 존재

세월이 만든 목소리

기성 가수들은 자신의 생을 노래로 빚어온 사람들이다.

그들의 음색에는 실연의 기억, 생존의 고단함, 가족의 이별, 세상에 대한 노숙한 이해가 스며 있다.

이들이 부르는 노래는 단지 음표와 박자의 조합이 아니라, "세월의 시간성과 감정의 연륜이 축적된 서사적 발화"이다.

경험의 정서를 대변하는 예술인

많은 트로트 가수는 무대 위에서만 노래하지 않는다.

그들은 식당, 마을잔치, 노인정, 결혼식장, 장례식장에서도 노래한다.

노래란 이들에게 삶의 장면마다 따라다니는 감정의 코드이자, 존재 증명의 수단이 아니라 존재 그 자체다.

서바이벌 시스템의 역설: 대체 가능한 감정, 일회성 소비 프로그램이 만든 스타는 영혼을 가질 수 있는가?

오늘날 오디션 프로그램은 감정의 연출, 기성곡의 재편곡, 사연의 포장 등을 통해 참가자를 대중 앞에 '울림 있는 가수'처럼 포장한다. 그러나 진짜 감정이란 만들어지는 것이 아니라, 겪어지는 것이다.

기획된 편곡과 감정 연출은 결국 '모사된 예술'이며 '복제된 감정'에 불과하다.

"심사위원이 울면 감정이고, 대중이 외면하면 탈락이다. 그 안에 남아 있는 건 오직 점수뿐, 기억이 아니다."

출연은 기회인가, 착취인가?

출연자들은 대부분 형식적인 출연료로 수개월 간 경쟁에 내몰리고, 경연이 끝난 후 이름은 남아도 노래는 잊힌다.

이는 자본 구조 내에서 감정을 콘텐츠로 환원시키는 구조적 착취이며, 음악의 본질보다 순위와 시청률이 우선되는 왜곡된 음악 생산 방식이다.

가수와 예술가의 차이: 자존과 삶의 증명

진짜 가수는 세월이 만든다.

그들은 노래를 통해 생의 깊이를 말하며, 무대 위가 아니라 무대 밖의 삶과 고난 속에서도 그 예술을 지켜낸다.

가수는 연예인이 아니다

연예인은 소비될 이미지를 조절하는 직업인이다.

가수는 무너지지 않는 영혼의 구조물을 쌓아가는 예술인이다.

그들은 노래로 삶을 겪고, 관객에게 공명을 이끌어내며, 대중 속에서 살아가는 예술로서 존재한다.

기성 가수는 잊힌 게 아니라 '버려진' 것이다

오늘날 많은 기성 가수가 무대가 없어서 잊힌 게 아니다.

그들은 방송 권력의 구조에서 소외당하고, 출연 기회가 '신인 마케팅'에만 집중되는 현실 속에서 계획적으로 제거당한 것이다. 그들은 아직도 노래하고 있다. 단지 우리가 그 무대를 잃었을 뿐이다.

음악의 본질로 돌아가야 할 때

노래는 경쟁이 아니다.

그것은 경험이고, 공명이며, 시간을 통과한 감정의 정리다.

우리는 이제 질문해야 한다.

진짜 가수란 무엇인가?

가수는 프로그램이 키우는가, 아니면 세월이 만드는가?

이제는 '프로그램이 키워낸 스타'만을 이야기할 것이 아니라, '시간이 검증하고 인생이 증명한 가수'들을 다시 조명할 때다. 그들이야말로 한국 대중가요의 뿌리이고, 음악이라는 이름으로 생존해 온 인간적 예술 그 자체이기 때문이다.

울고 웃고 부르고 흥얼거리며

- 트로트와 KBS 대중가요 프로그램이 보여준 한국 서민 감정의 집단 기억과 민족 정체성

노래는 한국인에게 무엇이었는가

한국인은 '노래하는 민족'이라는 표현을 종종 들어왔다. 그러나 그것은 단지 흥겹게 노래를 즐긴다는 뜻이 아니라 노래로 울고, 노래로 애도하며, 노래로 살아낸 민족이라는 뜻이다.

일제강점기, 전쟁, 분단, 산업화, IMF, 코로나-19 팬데믹에 이르기까지 한국 사회는 끊임없는 격동의 역사 속에서 노래를 '삶의 언어'로 사용해 왔다.

이 글은 특히 KBS의 「가요무대」와 「전국노래자랑」이라는 두 프로그램을 중심으로, 트로트와 한국 대중가요가 어떻게 서민의 정서와 민족의 기억을 집단으로 구축해 왔는지를 조명한다.

트로트 : 슬픔을 들뜨게 부르는 방식

트로트의 정서 구조

트로트는 단지 낡은 음악이 아니다.

그것은 '한(恨)'이라는 감정을 3박자의 리듬 안에 녹여낸 '삶의 시학(詩學)'이다.

트로트는 슬픈 가사를 흥겨운 리듬에 담아 부른다. 이는 한국인의 정서 방식과 맞닿아 있다.

"슬플수록 들뜨게", "아플수록 더 크게 웃게"

이것이 바로 한국적 감정 조절 방식의 문화적 발현이다.

트로트는 민중 서사의 축적이다

트로트에는 사랑과 이별, 고향과 출향, 자식과 부모, 가난과 근성 이 모든 것이 녹아 있다.

따라서 트로트는 단지 '유행가'가 아니라, '민중들의 구술 기록이자 감정의 축적물'이다.

「전국노래자랑」과 「가요무대」 : 한국 서민의 공공 감정극장

전국노래자랑 : 평범한 자의 무대

출연자는 누구나 될 수 있고 심사는 관객의 박수다. 무명 농부도, 80세 할머니도, 아이도 부를 수 있다.

이 무대는 계급이 제거된 민주적 무대이며 자신의 삶을 '노래로 증언'하는 전 국민적 시 낭송회다.

전국노래자랑은 '노래하는 시민 사회'의 구현이며, 단지 노래 잘 부르는 사람이 아니라 '자신의 삶을 말할 줄 아는 사람'을 기억하게 한다.

가요무대 : 기억과 향수의 아카이브

가요무대는 대한민국 대중가요의 박물관이자 살아 있는 백과사전이다.

1950~1980년대 유행했던 곡들을 매주 재현하며, 서민의 정서적 근거지를 유지해 주는 '감정 보존소' 역할을 한다.

가요무대는 단지 추억팔이가 아니라 '국가적 정서 자산을 아카이빙 하는 방송예술'이다.

KBS라는 국영방송의 의미

KBS는 시청료를 통해 운영되는 공영방송이다.

그렇기에 대중가요와 서민 정서를 기록하는 방송은 단지 '오락 프로그램'이 아니라 국가적 문화 보존의 의무를 실천하는 영역이다.

세금을 내며 일했던 그 세대들이, 이제는 노래로 자신의 세월을 보고 들을 수 있어야 한다.

흥과 한, 웃음과 눈물 사이에서 만들어진 집단 기억

트로트는 한국인의 감정 구조를 대변하는 대표 장르이며, KBS의 대중가요 프로그램은 그 집단 감정을 시각화하고 기억시키는 역할을 해왔다.

「전국노래자랑」은 평범한 시민의 삶을 노래라는 형식으로 '예술화'한 무대이고, 「가요무대」는 한 시대를 살아낸 사람들의 감정적 자산을 공적으로 보관하는 무대이다.

한국 대중가요는 역사책에 적히지 않는 민중의 서사이고, 그 가치를 보존하고 확산시켜 온 KBS는 단순한 방송사가 아니라 한국 감정사(感情史)의 기록자이자, 국민 기억의 음향 보관소라고 할 수 있다.

가요무대 출연 가수들의 인생 서사

- 노래하는 존재로서 인간, 그리고 감정의 철학

    이 글은 공영방송 KBS의 대표적인 대중가요 프로그램인 「가요무대」에 출연한 원로와 중장년 가수들을 중심으로, 그들이 노래를 통해 전하는 삶의 서사, 감정의 윤리, 그리고 예술의 지속성을 고찰한다.

    이들은 대중에게 알려진 스타 이전에 '자신의 인생을 목소리에 담아낸 감정의 전사(戰士)'이며, 단지 무대의 소비재가 아닌 기억과 공동체 감정을 전승하는 문화적 매개자이다.

    따라서 본 연구는 이들이 전달하는 '인생의 리듬'과 '세월의 노래'가 어떻게 시대와 공동체의 감정을 반영하고, AI 시대의 즉흥적 스타들과는 어떤 예술적 존재론적 차이를 가지는지를 분석한다.

주요어(Keywords)

    가요무대, 감정 서사, 트로트, 예술적 삶, 구술문화, 대중음악철학, 노년 문화, 존재로서의 노래이다.

"그들은 노래를 부른 것이 아니라, 노래가 그들의 삶이었다."
KBS 「가요무대」는 단지 과거의 트로트를 재생산하는 무대가 아니다.

그곳에 서는 가수들은 단순히 노래를 '잘하는 사람'이 아니라, 삶을 '노래로 말할 수 있는 사람'들이다.

「가요무대」의 출연자들 - 예를 들어

이미자, 남진, 주현미, 현철, 문희옥, 김연자, 김혜연, 배일호, 등의 무대와 노래 속에서 그들의 삶의 층위, 감정의 깊이, 노래의 존재성을 분석하며, 대중가요가 단순한 오락이 아닌 철학적 존재 실천임을 밝히고자 한다.

이론적 배경

예술로서의 삶: 예술가 존재론

Martin Heidegger는 '예술은 존재를 드러내는 방식'이라 했고, Maurice Merleau-Ponty는 '몸의 기억과 감각이 예술이 된다'라고 말했다.

가수들은 단지 곡을 연주하는 자가 아니라, 몸과 인생의 감각을 통해 세계를 울리는 존재이다.

감정의 윤리와 구술 서사

「가요무대」 출연 가수들은 트로트를 통해 고단한 삶을 겪은 민중의 감정을 가사와 음률, 목소리와 표정으로 구술한다.

이러한 노래는 문서로 만들어지지 않은 역사이며, 정서로 남는 구술적 감정 기록이다.

가요무대라는 '노래 박물관'

무대 구성의 미학: 고정된 오프닝 멘트, 세로로 흐르는 가사 자막, 원로 가수 중심의 선곡

→ 이는 단지 방송이 아니라 감정 의례의 장(場)이며, 기억과 존중을 실천하는 무대 철학이다.

출연 가수의 사회적 지위

대부분 30~50년 이상 활동한 원로 가수 무명 시절, 무대 생활, 단독 레코딩 이전의 '악극단' 경험 등

→ 이들은 한국 대중문화 전사의 산증인이자, '노래하는 기억체'로서의 예술인이다.

인생을 노래하는 가수들

김용임의 삶과 「부초 같은 인생」

"물에 뜬 부초는 흘러가지만, 내 노래는 사람의 마음에 남는다."

김용임의 노래는 서민 여성의 감정, 상실, 희망을 절제된 창법으로 풀어내며, 사회적 감정 전이자 기억의 비문학으로 기능한다.

주현미는 여의도의 약사에서 음반 여왕으로 트로트를 '약처럼 쓴 삶을 노래로 치유하는 예술'로 만들어왔다.

그녀의 대표곡 「비 내리는 영동교」는 지역성, 이별, 애잔함이 합쳐진 감정의 지층을 보여준다.

남진과 현철은 남성 감정의 전사 남진의 「둥지」, 현철의 「봉선화 연정」은 중장년 남성의 감정 회복 욕망, 가족애, 부재의 상처를 담아낸다. 이들은 강요된 남성성 뒤편의 연약한 감정들을 노래로 회복시킨다.

존재로서의 가수, 삶으로서의 노래

이들은 노래로 출세하지 않았다.

노래로 버텼고, 노래로 살아냈고, 노래로 시간을 쌓았으며, 노래로 시대를 증언했다.

그들의 노래는 공장 생활자의 고단함, 시골 어머니의 이별, 돌아오지 못한 이산가족의 목소리로, 대신 울어주는 집단 감정의 대리자이다.

결론

「가요무대」 출연 가수들은 세월을 축적한 존재이며, 그들의 노래는 감정의 유산이다.

기술이 곡을 만들고, AI가 목소리를 합성하는 시대에도 「가요무대」는 '살아낸 자의 노래만이 감정을 전달할 수 있다'라는 원칙을 지켜내는 공간이다.

노래는 상품이 아닌 시간의 예술이며, 가수는 기획이 아닌 세월이 만든다.

■ 참고문헌

Heidegger, M(1971). Poetry, Language, Thought.
Merleau-Ponty, M(1964). Eye and Mind.
김창남(2007). 『한국 대중음악 100년』.
이영미(2005). 『노래의 사회사』
정일서(2021). 「가요무대와 대중가요의 감정 정치학」, 『대중음악학연구』.

노래방은 인생의 박물관이다
- 노래와 소시민의 삶에 관한 철학적 성찰

노래방은 왜 존재하는가

도시의 밤길, 사람들은 묵묵히 어디론가 향한다.

일터에서의 고단함, 가정에서의 무심함, 혹은 연인과의 갈등을 뒤로한 채 찾아가는 그곳, 바로 '노래방'(karaoke room)이다.

노래방은 단순한 놀이 공간이 아니다. 그곳은 개인의 서사(敍事)가 모여 하나의 집합적 정서 공간을 구성하는 감정의 극장이다.

노래방의 기원과 사회적 기능

일본에서 시작된 '가라오케'의 철학

가라오케란 '빈 오케스트라(空オーケストラ)'를 의미한다.

이는 단순히 반주만 남긴 공간이 아니라 '프로가 아닌 우리가, 자기 목소리로 무대를 완성하는 경험'이다.

노래방은 예술의 민주화이자, 무대의 일상화다. 누구나 가수가 되고 누구나 청중이 된다.

한국에서의 노래방 : 서민의 일상과 결합

한국에서 노래방은 단순한 놀이가 아닌 위로, 정체성 회복, 사회적 배출구로 기능해 왔다.

직장인은 퇴근 후 감정을 풀고, 청춘은 사랑의 감정을 연습하고, 부모는 이별과 희망을 읊조린다.

그 안에 흐르는 건 음악이 아니라 인생이다.

노래방의 철학 : 감정의 백과사전

노래방은 '감정의 인덱스'다

노래방 선곡표에는 시대와 세대, 감정과 경험이 분류되어 있다.

7080 → 부모 세대의 청춘

90 발라드 → 386세대의 첫 이별

트로트 → 고단한 생존의 서사

아이돌 곡 → 10대의 자기표현

이것은 노래를 통한 감성 회상의 도시관, 혹은 인생 사전이다. 곡 하나하나가 그 사람의 연애 사, 이직 사, 실연 사다.

노래방은 '비 의미의 공간'이자 '가장 의미 있는 공간'

노래방은 삶에서 가장 쓸모없어 보이는 공간이다.

그 안에는 출세도, 명예도, 돈도 없다. 그러나 오히려 그러므로 삶이 가장 진하게 드러나는 공간이다.

거기엔 연습 없는 감정, 가사 틀려도 이어지는 마음 그리고 '잘 불러서'가 아니라 '함께 불러서' 위로받는 시간이 존재한다.

소시민과 노래 : 작지만, 위대한 미학

노래는 서민의 기도다

고소득층은 미술관과 콘서트를 찾지만, 서민은 노래방에서 삶을 정리하고, 자신을 확인한다.

아버지는 「이젠 그랬으면 좋겠네」를 부르며 고단함을 해소하고, 엄마는 「비 내리는 호남선」을 부르며 사랑과 세월을 떠올린다. 딸은 「좋은 사람」을 부르며 자신을 다독인다.

이 노래들은 모두 하나의 기도다.

말로는 하지 못한 감정을, 노래로 토로하고 가사 속에서 삶의 답을 구한다.

노래방은 무대 없는 예술가들의 아틀리에다

가수는 아니지만, 진짜 노래하는 사람들이 모이는 곳이 노래방이다.

무대 위 가수가 노래를 '보여준다면' 노래방의 사람들은 노래로 자신을 '이해'한다.

그들은 스타가 아니지만, 그들의 한 곡에는 세상에 없는 삶의 이야기가 실려 있다.

노래방은 인생을 보존하는 예술 아카이브다

노래방은 시민들의 삶을 담는 음성 아카이브다. 어떤 장르보다 다양하고, 어떤 공간보다 인간적이다.

우리는 그 안에서 웃고, 울고, 소리치며 '나는 아직 살아 있다'라는 증거를 남긴다.

그곳은 작은 방이 아니라 한국 소시민 정서의 박물관이며, 말 없는 예술의 전당이다.

서 프로의 길
- 딴따라로 살아낸 반세기, 기획의 역사

나는 딴따라였다. 그리고 지금도 그렇다

  내 길은 남진의 매니저로 시작되었고, 시대를 관통하며 가요계의 흐름을 무대 뒤에서 지켜본 사람으로 남는다.

1970년대 - 마네저의 시대, 무대를 지킨 그림자

  남진, 송대관, 문주란, 이수미…. 그 시대를 대표하던 이름 뒤에는 일정을 조율하고 무대를 지키던 나의 그림자가 있었다. 그건 단순한 스케줄 관리가 아니었다.

  한 사람의 인생을 기획하고, 무대 뒤에서 삶을 지켜주는 일이었다. 이 시기는 마네저, 즉 인생 관리자였던 시절이다.

1980년대 - 음반 기획자, 프로모터로의 도약

  무대를 넘어 소리를 기획하고 시대를 설계하는 일로 옮겨왔다. 나는 음반을 기획하고, 가수를 만들고, 무대를 디자인했다.

최병걸의 「난 정말 몰랐었네」, 「그 사람」

권태수의 「눈으로 말해요」, 「곰돌이」

사랑과 평화의 「울고 싶어라」

하사와 병장의 「목화밭」

선우혜경의 「사랑하는 당신」, 「당신 때문에」

방미의 「올가을엔 사랑할 거야」 「사랑이 이런 거라면」

전원석의 「떠나지 마」

이 시기, 나는 음악을 단순히 유통하는 사람이 아니라 예술과 시대를 잇는 연출자로 살아갔다.

포크와 함께한 따뜻한 기획

해바라기와 통기타 시대

이정선, 이광조, 이주호, 한영애, 김영미 그리고 게스트로 함께한 엄인호까지.

'해바라기'는 이름 그대로 따스했고, 그들은 음악 그 자체였다. 나는 이들의 음반을 기획하고, 무대를 꾸미고, '포크는 시대의 1기'라는 말을 무대 위에서 증명했다.

1990~2000년대 – 여성 트로트의 중심에 서다

세미트로트와 정통의 경계를 넘나든 김혜연, 감성과 정통을 아우른 서주경, 내 가족처럼 활동했던 서지오, 그리고 2000년대의 대표주자 홍주와 장태희까지.

이 시기는 여성 트로트가 진짜 대중의 무대 위로 올라오던 때였다. 그들 모두, 내 손을 거쳐 노래했고, 내 무대 위에서 빛났다.

하나의 흐름, 세 갈래의 축

서 프로의 길은 단절이 아닌 연속이었다.
1970년대 마네저의 시대, 1980년대 음반 기획자, 프로모터의 시대, 2000년대로 이어진 세미트로트의 부흥기였다.

이 세 축은 따로 흘러간 것이 아니다. 하나의 긴 강줄기처럼, 나의 인생 속에서 노래로 이어졌고, 무대로 번졌다.

남진과 송대관

- 한국 트로트의 두 기둥, 그리고 그 곁에 있었던 시간

남진 그리고 송대관

이 두 이름은 내가 '서 프로'라는 별칭을 얻고 연예계에 깊이 발을 디딘 가장 결정적인 순간들과 연결되어 있다.

나는 남진의 매니저로 오랜 시간을 함께했고, 송대관의 무대와 방송도 기획의 관점에서 수없이 조율하며 그들과 가까운 거리에서 한국 트로트의 살아 있는 역사를 직접 목격했다.

남진 – 무대를 압도하는 절대 감성

남진은 그 시대를 대표하는 대중문화 아이콘이자 무대 위에서는 언제나 '완성된 엔터테이너'였다.

「가슴 아프게」, 「님과 함께」, 「우수」, 「빈잔」 등 수많은 히트곡을 통해 그는 트로트를 세련되게 리드한 선구자였다. 단지 노래만 잘했던 것이 아니다. 표정, 몸짓, 대사 멘트까지 모든 것이 계산된 듯 자연스러우면서도 그 안엔 진심이 담겨 있었다.

나는 그의 일정과 무대를 함께 만들었던 매니저로서, 그의 무대 뒤 긴장감과 무대 위 확신을 동시에 경험했다.

그는 무대에서 관객을 '끌어내는' 법을 아는 사람이었다. 그리고 나는 그런 남진의 감정 리듬을 가장 가까이서 맞춰야 하는 조율자였다.

송대관 – 서민 정서의 대변자, 정통의 저력

송대관은 남진과 또 다른 결의 트로트 대부였다. 그는 언제나 서민의 감정을 가장 쉬운 말과 선율로 표현하는 마스터였다.

「해뜰날」, 「네 박자」, 「차표 한 장」, 「세월이 약이겠지요」 등 그의 노래에는 언제나 한 세대의 눈물과 위로가 배어 있었다.

송대관은 무대에선 유쾌했지만, 준비에는 누구보다 철저했고 완벽을 추구했다.

나는 그와 함께 일하면서 한 노래가 '히트'가 되는 것보다 사람들에게 '남는' 노래가 되도록 하는 게 진짜 어려운 일임을 배웠다.

이 두 사람은 단순한 '인기 가수'가 아니라, 트로트라는 장르를 국민 속으로 끌고 들어간 상징적인 존재들이었다.

그리고 나는 그 위대한 음악 여정의 기획자이자 실무자, 무대 뒤 조율자이자, 길동무로서 그들과 같은 시공간을 살아낸 것을 자랑스럽게 생각한다.

문주란과 이수미

- 허스키와 감성의 두 여신, 그리고 무대 뒤의 기억

문주란과 이수미

이 두 이름은 나의 매니저 인생에서 절대 빼놓을 수 없는 존재다. 당시 나는 남진의 전담 매니저로 일하며 자연스럽게 이 두 사람과도 한 시대의 무대를 함께 호흡했다.

문주란 - 정말 묘한 힘을 지닌 가수

무대 위에 서면 그녀의 저음이 조용히 퍼지며, 30·40대 남성 관객들의 마음을 한순간에 휘어잡았다. 그 허스키한 중저음은 단지 소리가 아닌, 어딘가 눌린 감정을 건드리는 마성의 울림이었다.

그녀가 「동숙의 노래」나 「초우」를 부르면 관객석은 숨을 죽였다. 그 목소리엔 이루어지지 못한 사랑의 서사 전체가 실려 있었고, 노래는 그저 음악이 아니라 한 편의 짧은 인생극이었다.

이수미 - 다른 결의 감성

「여고시절」, 「내 곁에 있어 주」처럼 어디선가 내 마음을 들킨 듯한 섬세하고 내밀한 감성의 노래를 했다.

그녀는 화려하지 않았지만, 가사 한 줄 한 줄을 꼭꼭 눌러 담 듯 부르던 목소리의 진심이 있었다.

그 진심이 있었기에 그녀의 노래는 이별한 사람에겐 위로가 되고, 지친 사람에겐 다정한 편지가 되었다.

문주란과 이수미는 스타일은 달랐지만 모두 무대에 서면 시선을 멈추게 만드는 힘이 있었다.

그 시대의 음악은 기교가 아니라 기운, 즉 사람을 끌어당기는 감정의 밀도였다. 그리고 나는 그 무대 뒤에서, 그들이 마이크를 잡기 전 긴장하는 모습을, 끝나고 조용히 내려오는 뒷모습을, 그 누구보다 가까이에서 지켜봤다.

그것이 내가 무대 위의 스타보다, 무대 뒤의 진심을 더 오래 기억하는 이유다.

2

딴따라의 길

딴따라의 길 1
 - 서프로 자서전 테마송 가사

가수의 그림자 되어 그 뒷모습 지켜섰지
가방 하나, 녹음실 문 내 손으로 열던 날들
무대는 내 무대가 아니어도 그 무대에 내 숨이 있었네
말없이 묻고, 말없이 울던 그게 나의 시작이었지

나는 딴따라, 이름 없는 조연 불빛은 남을 비췄지만
내 마음은 그 노래 안에 살아 지금도 귓가에 울리네
딴따라, 나의 길이었네

'난 정말 몰랐었네' 그 한 소절 최병걸 눈빛에 번졌고
'사랑하는 당신' 속에 선우혜경 눈물 흘렀지
포크의 봄날 해바라기 이정선, 한영애와 걸었던 밤
전원석, 양홍섭의 떨리는 음정 그 뒤에 내가 있었지

나는 딴따라, 이름 없는 그림자 스타는 떠도, 무대는 남아
내 청춘은 그 노래 안에 살아 잊힌 듯 살아도 남았네
딴따라, 나의 자서전이었네

김혜연의 리듬 위로 서주경의 울음 너머
장태희의 샤우팅 안에 내 심장이 함께 뛰었네

나는 딴따라, 비주류의 깃발 환호는 없고, 박수도 적어
하지만 진심은 노래로 남아 지금도 입술에 맴도네
딴따라, 이 길이 내 노래였네 무대는 내 무대가 아니어도
그 무대에 내 숨이 있었네
말없이 묻고, 말없이 울던 그게 나의 시작이었지

나는 딴따라, 이름 없는 조연 불빛은 남을 비췄지만
내 마음은 그 노래 안에 살아 지금도 귓가에 울리네
딴따라, 나의 길이었네

나는 딴따라, 비주류의 깃발 환호는 없고, 박수도 적어
하지만 진심은 노래로 남아 지금도 입술에 맴도네
딴따라, 이 길이 내 노래였네

딴따라의 길 2
- 가방하나 노래하나 그리고 평생외길

1970년, 나는 남진이라는
거대한 별의 그림자 아래서
한 손엔 가방을, 다른 한손엔 꿈을 들고
새벽기차로 올라와
딴따라라는 세계에 발을 디뎠다

누군가는 그것을 가방모찌라 불렀고
요즘 식으로 말하자면 로드매니저 1세대다
비하하고 조롱처럼 들릴 때도 있었지만
그러나 나는 안다
가방모찌는 광대가 아니었다

그러나 나는 그것이 단지 짐을 나르는 일이
아니었다는 걸 안다

무대 위 빛나는 별들을 곁에서 지키는 일이었다
매니저는 인생을 짊어진
시인이자 철학자다

그리고 나는
그 무게를 온몸으로 견뎌냈다
노래를 믿었고, 사람을 믿었으며,
인생을 노래처럼 살고자 했다
그렇게 나는 딴따라로 살아왔다

그 이름이 비하처럼 들리던 시대에도
나는 고개 숙이지 않았다
왜냐하면 나는 안다
진짜 딴따라는
사람의 마음을 울리는 사람이라는 것을

딴따라, 땡까송 노래하다

- 보통사람으로 살아낸, 내 인생의 한 페이지

세상엔 고상한 말들이 넘쳐납니다
가르치려는 이도 많고 깔보려는 시선도 흔하지요
그럴수록 저는 더욱더 이렇게 말하고 싶습니다
"우리는 다, 뽕짝처럼 살아왔다"라고

뽕짝이 무슨 죄가 있습니까
딴따라가 무슨 부끄러움입니까
그건 바로, 사람들이 울고 웃고 살아온 이야기입니다
그 노래엔 눈물 젖은 밥상이 있고, 웃음 섞인 술자리가 있고,
아버지의 막걸리 냄새, 어머니의 삶은 손길이 있습니다

저는 80 평생을 그렇게 살아왔습니다
유식하진 않았지만 눈치 빠르게 세상 속을 걸었고
높은 자리는 없었지만 사람 사이에서 고개 숙이며 살았습니다

이 책은 제 인생을 정리하려는 자서전입니다
하지만, 고리타분한 연대기나 자랑이 아닙니다
이 책은 '땡까송'입니다
세상을 향해 땡! 하고 부르는 내 목소리이고
까짓거! 하며 웃어넘긴 내 철학이고
송(SONG), 곧 내 인생의 노래입니다

마침표로 끝내기엔 아쉬운 이야기들
느낌표처럼 벙긋 웃으며 남기고 싶었습니다

그래서 저는, 노래하듯 자서전을 씁니다
가볍게 말하지만, 결코 가볍지 않은 이야기로

딴따라라서 좋았습니다
뽕짝이라서 행복했습니다
그리고 지금, 이 노래를 함께 부를 수 있어서
정말 고맙습니다

왜 딴따라였는가? 왜 땡까였는가?

비하에서 긍지로, 이름 속에 담긴 인생철학

딴따라, 옛날엔 손가락질받던 말이었지요
딴따라 짓 하지 마라
그런 딴따라 같은 소리 말아라

하지만 나는 그 이름이 부끄럽지 않습니다
딴따라는 무대를 떠도는 자
음악으로 밥을 벌어먹는 자
사랑의 정을 노래로 푸는 자였으니까요

나는 무명가수의 무대 뒤에서
기획서 포스터 한 장을 쥐고
동네를 뛰고 방송국을 뛰며

오직 노래 하나를 살리기 위해 뛴 사람이었습니다

그렇게 수십 명을 데뷔시켰고
30여 히트곡, 500여 창작곡을 남겼습니다
그래서 나를 딴따라라 불렀습니다
그리고 땡까, 그 이름은 이 바닥에서 버티며
단 한 번도 가수 뒤에 숨어 있지 않았던 사람
직접 부르고, 직접 쓰고, 직접 책임졌던 사람
그게 바로 나, 땡까입니다

세상은 말합니다
이제 AI가 노래도 하고, 작사도 작곡도 한다고
그래요 시대는 바뀌었어요
하지만 사람의 마음을 울리는 건
결국 사람의 이야기입니다
그래서 저는 딴따라 땡까로 다시 마이크를 잡았습니다

딴따라는 세상을 웃기고 울린다

딴따라는 노래만 부르는 사람이 아닙니다
딴따라는 세상의 웃음을 책임지고
세상을 안아주는 사람입니다

무대 위에서는 우는 척하며 울기도 하고
울다가도 웃겨야 할 때가 있습니다
관객의 감정을 대신 껴안고
그 마음을 노래로 풀어주는 삶의 대역 배우가
바로 딴따라입니다

그 노래 한 곡에 어머니가 있고, 떠난 연인이 있고
잊지 못할 청춘이 숨어 있습니다
그래서 딴따라는 스스로 무거워야 하고
가볍게 보이더라도 속은 깊어야 합니다

노래를 연기하고
연기를 노래하는 사람
그게 바로 딴따라입니다

딴따라의 눈물, 땡까의 웃음

우리는 딴따라였습니다
남들 무대에 설 때 우리는 무대 뒤에서 땀을 흘렸고
남들 조명받으며 박수받을 때
우리는 대기실 구석에서 눈물을 훔쳤습니다
그래도 그게 좋았습니다
누군가를 울리고 웃게 만든다는 건
보이지 않는 무대의 자부심이었습니다

땡까의 웃음엔 눈물이 섞여 있다
뽕짝 한 곡에 터지는 웃음
하지만 그 웃음 뒤엔
얼마나 많은 인생의 허허로움과
눈물 젖은 밤이 있었던가요
웃음은 가볍지만 그 뿌리는 무겁습니다

진짜 가수는 그 무거운 뿌리를 끌어올려
청중에게 가볍게 건넬 줄 아는 사람입니다

울릴 줄 아는 자만이 웃길 수 있다
감정을 아는 사람, 슬픔을 겪어본 사람만이
진짜 웃음을 안다고 했습니다
우리의 노래는 그래서 사람을 울리고 또 웃기고,
결국엔 살아갈 용기를 줍니다
그게 바로 딴따라의 사명입니다

가수는 무대의 철학자다
흘러가는 음악 위에 한 줄 철학을 던지는 사람
그게 진짜 가수입니다
웃음이 있고, 눈물이 있고
그리고 다시 희망이 시작되는 곳
그게 무대요, 우리가 서야 할 자리입니다

딴따라는 무명일 때 진짜를 배운다

무대 위의 조명이 꺼진 자리
누구도 관심을 두지 않은 구석진 연습실
밤늦게 돌아오는 막차 안에서
딴따라 노래를 배웁니다

그 시절엔 관객도, 무대도, 박수도, 없었지요
그러나 바로 그 시절
진짜 배움의 시간이 흐릅니다

노래 한 곡이 끝날 때까지
마음을 담는 법을 배우고,
목이 쉬도록 불러야 제 소리를 찾게 됩니다
그 시절을 겪지 않고 무대에 서는 건
빛나는 옷을 입었을 뿐

몸에 맞지 않는 옷을 입은 것과 같았습니다

무명이란 말은 이름이 없는 게 아니라
이름을 만들어 가는 과정입니다
딴따라는 이름
그 어깨에 실렸던 땀과 설움
기다림과 눈물이 있었기에
이제는 자랑이 됩니다
진짜 딴따라는
무명일 때 노래를 가슴에 새겼습니다

딴따라, 노래로 자서전을 쓰다

- 나, 평생 무명들과 함께한 사람

나는 가수는 아니었다
그러나 가수를 만들었고, 노래를 만들었고
그 노래가 수많은 사람의 입과 가슴에 닿는 것을 보며 살아왔다
누군가 내게 묻는다
"당신의 직업은 무엇입니까?"
나는 이제 서슴없이 대답한다
나는 노래로 자서전을 쓴 사람입니다

내가 만든 노래들이
결국 나 자신을 말해 주었고
내가 살았던 인생을 증명해 주었고
내가 이 세상에 존재했다는 걸
알려주었으니까요

노래는 단순한 기술이 아니었습니다

노래는 사람을 품는 도구였고 마음을 건네는 언어였고
뜨겁고도 정직한 인생의 호흡이었습니다

무명의 시절이야말로 가장 찬란했습니다
무대도, 조명도 없었던 그 시절이
진짜 노래가 무엇인지를 가르쳐 주었습니다
관객 한 명 없는 연습실에서,
눈물로 울고 웃었던 그 시간이야말로
우리가 잊지 말아야 할 예술의 교과서였습니다

나는 그래서 확신합니다
진짜 가수는 음정보다 감정을 더 사랑하며 기교보다
사람을 노래하는 사람이라고
그 노래가 내 삶을 밝혔고
내가 만난 수많은 가수와 무명들이
그 노래 안에서 피어나 꽃이 되었습니다

나는 아직도 무대를 사랑합니다
무대는 거짓을 이기지 못합니다
무대는 진실을 알아봅니다
그리고 그 진실은 곧 사람입니다
사람이 노래고, 노래가 내 인생이었습니다

딴따라 인생 음악이 전부였다

선생님은 뭐가 그렇게 좋았어요?
누군가 내게 물었습니다
나는 대답했죠
그저, 노래가 좋았다고

화려한 명예도, 돈도, 방송도
그저, 그 한 소절, 그 한 사람의 목소리를
세상에 꺼내놓는 일이 전부였습니다
밤새며 악보도 들여다보고
녹음실 구석에서 눈을 감고
떨리는 목소리를 처음 듣던 날
그 감정 하나가
그 순간 하나가 전부였습니다

딴따라의 삶
무대 뒤의 그림자였지만
나는 그 무대를 만들었습니다
그 노래를 그 이름을
세상에 꺼내 놓은 사람입니다

나는 오늘도 그 이름들을
가슴에 새깁니다
내가 만든 가수가 아니라
내가 지켜낸 노래다

매니저 삼시기

- 서판석 작사, 동네오빠야 작곡, 장태희 노래

비에 젖어 또 비를 맞고 오늘도 그렇게 걸어요
지나치고 또 비켜가고 수많은 사람 속으로
흘러버린 많은 세월들 지나버린 사랑일랑
잊을래 모두 지울래 후회도 하지 않을래
라~라~라 청춘도 내 사랑도 이젠 지나갔지만
이제부터 시작이야 돌아보지 않을래
아하 내 이름을 누구도 묻지 마세요
난 그냥 삼시기랍니다
아하 내 나이가 몇인지 묻지 마세요
난 그냥 삼시 깁니다
바람불면 바람을 따라 내일도 그렇게 떠나요
지나치고 또 비켜가고 수많은 사람 속으로
수많은 사람 속으로

땡까음 금지선언

- 귀를 박는 소리에서 마음을 여는 노래로
- 땡까음, 그 찰나의 유혹

땡까음은 소위 말하는 질러 부르기입니다. 기교도 덮고 억지로 쥐어짜는 음색, 고음은 거칠고, 꺾기는 과하고, 말은 울리지 않습니다.

사람의 이야기를 외면한 채 기교로만 덕지덕지 덮인 소리, 우리는 이것을 땡까음이라 부릅니다.

그런 소리는, 노랫소리가 아니라 '쇼'입니다.

관객은 한번은 박수 칠 수 있지만, 그 노래는 두 번은 듣지 않습니다.

소리는 깊이가 있다는 소리는 사람이자, 인격입니다. 바람처럼 흘러야 하며 물처럼 스며야 합니다.

노래는 감정을 싣는 그릇입니다. 기교로 만들어 낸 울림은 언제나 그릇의 모양에 갇힙니다. 그러나 진짜 소리는 가슴에서 올라와 말을 타고, 귀로 흐르는 삶의 흔적입니다.

소리에 깊이가 있어야 합니다. 빠른 박자는 기술이지만, 느린 박자에서 드러나는 것은 사람입니다.

땡까음 금지 8원칙

1. 기교는 본체가 아니라 연결고리일 뿐이다.
2. 고음은 지르는 게 아니라 울리는 것이다.
3. 울림은 두성, 복식, 심장을 함께 써야 진짜다.
4. 말하듯이 부르고 이야기하듯 울려야 한다.
5. 느린 박자 속의 '쉼'을 사랑하라.
6. 바이브레이션은 장식이 아니라 정서다.
7. 꺾기는 기술이 아니라, 인생의 꺾임이다.
8. 트로트는 울지 않아도 듣는 이는 운다.

선언

나는 땡까음을 거부한다.
나는 오늘부터 목소리에 삶을 담겠다.
기교가 아닌 이야기를 부르겠다.
노래가 아니라 사람의 말소리로 울리겠다.
나는 땡까음을 거부한다.
나는 오늘부터 이야기하는 가수가 되겠다.

교육 목적에 부쳐 이 장은 단순한 비판이 아닙니다.
우리 시대 트로트가 지닌 병폐의 자각이며 새로운 소리, 살아있는 민중의 소리로 나아가는 선언입니다.

땡까음을 넘어서 진짜 노래를 위한 몸과 소리 훈련

발성의 기초 : 땡까음을 금하는 이유

땡까음이란? 무리하게 성대를 조여 내지르는 고음. 듣는 사람 고막 괴롭히고, 부르는 사람 성대 망칩니다.

좋은 발성이란?

편안하지만 울림이 있는 소리.
말하듯이 부르되 울림으로 감동을 줍니다.
올바른 호흡: 복식호흡, 지탱

복식호흡 훈련법

누워서 배 위에 책 올리고 숨 쉬어 배를 오르내리기
일어서서 하복부를 느끼며 스 - 소리를 길게 뽑기
한숨으로 '안녕하세요' 10번 나누어 말하기
호흡은 소리의 뿌리입니다.
복식호흡이 되어야 소리가 나고 숨이 모이면 울림이 생깁니다.

발성 훈련 두성, 가슴성, 복합

종류	위치	특징
가슴성	흉부	깊고 따뜻함
두성	이마, 정수리	맑고 고음에 적합
복합	입, 코, 머리	공명성 강화

창법의 기술 : 꺾기 비브라토 연결

꺾기 말하듯이, 음 하나를 끌어올리고 꺾는 것

비브라토. 소리 끝에서 미세하게 흔들어 감정 표현

연결 : 가사와 가사소절과 소절을 끊이지 않게 흐르도록

소리의 감정 훈련 : 얘기하는 노래

소리도 문장이다.

감정과 표정 없이 노래하면 기계다.

가사 한 줄에 말의 의도가 담겨야 한다.

연습법

노래 가사를 편지글처럼 읽기

그 후 말하듯이 노래로 연결

손짓 표정, 숨 멈춤까지 감정을 실어 연습

트로트 창법 & 발성 훈련법

땡까음 금지 맛깔나게 부르는 비법

땡까음, 무리한 고음 샤우팅 하지 말 것

트로트의 핵심은 가슴에서 올라오는 복성 + 두성(머리 공명)과 가슴 공명을 섞은 중저음 중심

끝 음을 밀지 말고 뺀다(흐르는 소리)

비브라토는 자연스럽게 꾸밈음(꺾기)은 절제되게

발성 훈련 루틴(하루 15~20분)

숨 – 공명 훈련(5분)

4초 들숨, 4초 참기, 4초 날숨

배로만 숨 쉬며 가슴 고정

발음 · 응응응 · 옹알이 코–입–가슴 진동 느끼기(5분)

꺾기 · 리듬 · 높 · 중 · 낮음(→↓→)

꺾기 발음 연습(5분)

꺾기 · 리듬 · 높 · 중 · 낮음

리듬을 타고 굴리는 느낌으로 연습

후두 내리기 가성 컨트롤(5분)

후두를 편안하게 내리고 목 조이지 말고

가슴에서 소리를 올린다는 느낌으로

무 대 위 팁

눈빛은 관객에게(노래는 혼자 해도, 무대는 같이)

손짓 · 표정 · 발짓을 리듬에 맞춰 자연스럽게

후렴구는 함께 부르거나 손, 유도로 따라오게끔

요약

감성 중심 발성 + 무리 없는 소리 + 관객과 교감하는 퍼포먼스 + 절제된 꺾기와 꾸밈음

맺음말 : 땡까음 금지에서 예술로

우리는 소리로 말하는 시대에 살고 있습니다.

이 책은 가수가 되기 위한 기술서이자, 마음으로 노래하는 사람들을 위한 예술서입니다.

땡까음은 이제 그만 이제는 말하는 소리, 울림 있는 노래로 삶을 위로하고 이야기를 전할 때입니다.

딴따라 50년 이제 소리로 혁명을 시작합니다.

소리로 말하다

「소리의 대환영 시대」를 맞으며

　소리로 말하는 시대를 환영하며 '땡까음'이라는 말은 익숙하지 않을 수도 있습니다.

　하지만 귀를 막게 만드는 자극적인 음, 무의식적인 바이브레이션, 지나친 꺾기와 창법의 과시는 우리의 귀를 지치게 했고 결국 서민의 정서에서 소리를 멀어지게 했습니다. 노래는 원래 이야기입니다.

　말로 못다 한 삶의 이야기, 그걸 노래로 풀어내는 것, 그래서 우리는 선언합니다.

　'땡까음 금지'

　기교는 노래의 내용과 연결하는 통로가 되어야 하고 창법은 감정을 전달하기 위한 기술이어야 합니다. 이 책은 트로트 창법의 바른 방향을 찾고, 국악의 뿌리를 닮아 뽕짝의 꽃을 피워 서민 예술의 재조명을 위한 기록입니다.

때로는 창법 교재로, 때로는 예술 수업의 길잡이로, 또 때로는 가슴을 데우는 한 권의 노래 이야기책으로 읽히기를 바랍니다.

노래가 아닌 '이야기'로 노래하는 법

"당신의 소리는 어디서 시작합니까?"
"고음이 아니라, 마음에서 소리가 나야 한다."
"말이 앞서고, 소리가 따라야 한다."

질문으로 시작합니다.
당신이 가장 가슴으로 불렀던 한 소절은?
당신에게 '소리'란 무엇입니까?
노래는 누구를 향해서 합니까?

땡까음 금지론 요약

구분	땡까음 창법	가슴소리 창법
목적	고음, 박수	감정 전달
기교	과도한 비브라토, 후두 경직	자연스러운 연결, 공명 중심
호흡	얕고 빠름	깊고 천천히
감정	겉돌거나 과장	안에서 차오름

핵심: "소리를 낼 생각보다, 말을 건넨다고 생각하라."

그러면 자연히 듣는 이를 위한 창법이 생긴다."

실전 훈련: 말하듯이 부르기(발성 편)
복식호흡 트레이닝
누워서 배에 책 얹고 호흡 유지
'사랑해요' 5초, 10초, 15초 늘리며 발성

말하듯 노래하기 훈련
일상 문장을 노래로 바꾸기
예: "오늘도 눈이 내리네요." "나 많이 힘들었어요."
→ 이걸 '노래처럼'이 아니라 '감정 실린 말처럼' 불러봄.

시범곡 분석: 「꽃 같던 내 나이」
"그대여 나를 보고 웃어주던 그날이 꽃 같던 내 나이의 마지막 기억이라 네"
포인트: 첫 소절은 부드럽고 낮게, 감정을 아껴두기
후렴에서 살짝만 볼륨 올리며 감정 개방
끝 음을 밀거나 끌지 말고 남기듯이 떨어뜨릴 것
히트곡: 「토요일 밤에」, 「유일한 사람」, 「최고다 당신」, 「예쁜 여우」, 「고향 오빠」

표현력 수업: 얼굴로 말하고, 눈으로 울기

"노래는 귀보다 눈으로 먼저 느낀다."

눈빛 훈련: 감정 따라가며 눈 감았다가 뜨기

표정 전달법: 거울 앞에서 말하듯 연습

마무리 소절은 입이 아닌 가슴에서 닫기

나만의 이야기 한 소절 쓰기

다음 시간 전까지 과제: "당신의 마음을 가사처럼 적어오세요."
1~2줄이면 됩니다.

예: "그대여, 나 오늘도 그대를 닮은 바람을 마셨소."

"마음은 저기 있었는데, 나는 항상 바쁘게 살았네요."

3

뽕짝은 철학이다

뽕짝은 철학이다 1
- 서프로 자서전 테마곡

눈물로 배운다 웃음으로 견딘다
장날 끝자락, 막걸리 한잔
아버지 등처럼 꼿꼿한 멜로디
울어도 되는 노래, 그게 뽕짝이다
노래는 멋이 아니여
사는 게 그대로 번진 거지
사랑도, 이별도, 팔자처럼 깔린
그 한 소절에 인생이 실린다

뽕짝은 철학이다
말 대신 울고, 울음 대신 웃는다
화려한 기교 말고
허름한 속마음 꺼내는 노래

마이크 하나로 전부를 말한다
그게 뽕짝이다 내 삶의 철학이다

하모니카 울던 밤길
엄마가 불렀던 '돌아와요'
가슴에 박힌 가사 하나
사십 년이 지나도 안 잊힌다
뽕짝은 촌스런 게 아니라
진짜를 잊지 않는 고집이다
한 박자 쉬어 가는 그 맛을
우린 안다 몸으로 안다

뽕짝은 철학이다
화려한 말보다 먼저 우는 소리
높은 고음 말고
낮게 눌러 삼킨 속 이야기
한잔 술 마시듯 꺼낸 인생
그게 뽕짝이다
나의 철학이었다

뽕짝은 철학이다 2

- 이 시대 딴따라들을 위한 철학 선언문

뽕짝은 왜 가벼운가?

'뽕짝스럽다'는 말엔 언제부턴가 조롱이 섞여 있다.

촌스럽고, 유치하고, 교양 없는 음악이라는 누명은 근대화와 산업화 과정에서 만들어진 주류 문화의 프레임일 뿐이다.

그러나 뽕짝은 결코 가볍지 않다. 그 안에는 민중의 한(恨), 생존의 끈, 웃음으로 버텨낸 철학이 응축되어 있다.

고상한 음악이 인류를 위로한 적이 있는가? 사람을 울게 하고 웃게 한 건, 늘 뽕짝이었다.

뽕짝의 정체성

뽕짝은 슬픔의 형식이다

뽕짝은 한과 웃음이 동시에 터지는 아이러니의 장르다.

음계는 단조지만, 리듬은 경쾌하고, 가사는 슬프지만 창법은 유쾌하다.

그 이중성은 한국인의 정서 구조와도 맞닿아 있다.

뽕짝은 가장 민주적인 예술이다

누구나 부를 수 있고, 어디서나 흘러나오며, 누구도 배제하지 않는다.

서민의 입에서 흘러나온 노래가, 그 자체로 철학이 되는 순간이 있다. 거창한 미학이 아닌, 삶의 현장에서 나오는 '생활의 미학'이 뽕짝의 본질이다.

뽕짝은 딴따라의 무기다

딴따라는 예술가의 또 다른 이름이다.

고상한 척하지 않되, 삶의 밑바닥에서 진짜 고귀함을 품는다. 지식이 아니라 감정으로, 담론이 아니라 멜로디로 세상을 향해 한 소절 외친다.

"사랑도 명예도 이름도 남김없이…."

딴따라의 시대에, 뽕짝이 다시 울려야 한다

지금, 우리는 더 많은 뽕짝이 필요하다.

인공지능이 노래를 만들고, 젊은 세대가 비트와 감성으로 음악을 소비하는 이 시대에도 뽕짝은 여전히 유효한 사람의 목소리다.

'딴따라'라는 단어가 철학적 기개로 회복되어야 하고 '짤송'과 '땡까송'이라는 신조어들이 그 역할을 이어가야 한다. 왜냐하면, 사람은 결국 노래로 사는 존재이기 때문이다.

최병걸과 방미, 그리고 탑뮤직의 황금기

1970~80년대는 내게도, 한국 가요계에도 뜨거운 시절이었다.

나는 '서 프로'라는 이름으로 기획사 '탑뮤직'을 운영하며 당시 수많은 뮤지션과 함께 현장을 누볐다.

그 시절 내가 발굴하거나 함께한 가수들은 지금 생각해도 놀라운 이름들로 가득하다.

최병걸 – 내 기억 속에 가장 인상 깊은 남성 솔로 가수다

그는 '메신저스' 등 그룹사운드 출신으로 노래 실력, 외모, 퍼포먼스를 모두 겸비한 당대 최고의 미남 뮤지션이었다.

특히 데뷔곡 「난 정말 몰랐었네」는 방송과 무대를 휩쓸었고, 당시로선 드물게 연예계 스캔들의 주인공이 될 만큼 대중의 관심을 독차지했다.

방미 – 나와 오랜 시간을 함께한 아티스트다

그녀는 MBC 공채 2기 코미디언 출신이라는 독특한 출발선에

서 「날 보러 와요」로 가요계에 화려하게 데뷔했다.

이뿐만 아니라, 그녀는 잘 알려지진 않았지만 「골목길」의 원곡 가수이기도 하다.

무대 위 방미는 당당하고 유쾌했으며, 나는 그녀의 가능성에 일찍이 주목했던 스카우터였다. 어쩌면 내가 가수에게 스카우트된 것일 수도 있다.

탑뮤직의 황금기

내가 이끌었던 탑뮤직에는 사랑과 평화, 이남이, 해바라기 멤버들, 즉 이정선, 이광조, 이주호, 한영애, 전원석, 양홍섭 심지어 하사와 병장까지 소속돼 있었다.

나는 그 시절, 그들의 무대와 인생을 함께하며 기획자이자 조력자 그리고 한 명의 인생 동료였다.

이남이의 「울고 싶어라」가 터졌던 날, 전화기가 내려오지 않을 정도로 바빴다. 사랑과 평화의 음악이 흐를 때면, 그건 단순한 가요가 아니라 당대의 사운드트랙이자 시대의 정서였다.

그 시절의 나, 그들과 함께했던 '서 프로'(이정선이 지워준 별칭) 이름은 비록 무대 위엔 없었지만, 그 무대를 가능케 한 또 다른 엔진이었다.

노래는 기록이다

노래는 단지 음표와 박자에 갇힌 멜로디가 아니다.

한 가수의 숨결, 그 사람이 걸어온 길과 사무치는 마음, 마음 속 깊은 흔적들이 노래 안에 고스란히 스며 있다. 사람은 자서전을 책으로 쓰지만, 가수는 노래로 자기 삶을 기록한다.

무명의 시간, 무대 뒤에서의 애환, 첫 녹음실에서의 떨림, 관객과 마주한 첫 박수, 스포트라이트의 찬란함과 아무도 찾지 않던 무대에서의 고요한 눈물. 그 모든 순간이 노래 속에 남아 하나의 진실이 된다.

노래는 말보다 진실하고, 마음보다 앞선다. 그래서 노래는 곧 자서전이며, 가수가 살아온 삶의 증언이다. 나는 수많은 신인 가수들의 노래에서 그들의 인생이 잠기는 순간을 목격해왔다.

단 한 곡, 단 한 소절에 인생을 걸고 부르는 모습.

숨을 버리고 울음을 삼키며 진심으로 불렀던 그 순간.

바로 그것이 진짜 가수였다.

노래는 누가 대신 살아 준 이야기다

노래는 결국
누군가 대신 살아준 이야기입니다

가수가 무대에서 부르는 그 노래는
누군가의 눈물이고, 누군가의 외침이며
또 누군가의 지난 사랑입니다

그래서 우리는 그 노래를 들으며
자신의 인생을 떠 올리고
남의 이야기를 듣는 것 같다가도
갑자기 가슴을 치게 됩니다

그건, 가수가
대신 울어 주었기 때문입니다

그 노래가 나 대신
말을 걸었기 때문입니다

노래는 그래서
인생의 대필자 이자
감정의 통역사입니다
딴따라는
그 수많은 사연을 대신하고
내 것이 아니지만
내 것처럼 노래합니다

그래서 노래는
예술이자 삶의 치유입니다
그 노래가 존재하는 한
그 삶도 존재합니다

노래는 기교 이전의 감정이다

노래를 잘 부른다는 말
사람들은 흔히 고음을 내고, 기교를 부리고
기술적인 완성도를 떠 올린다
하지만 나는 그렇게 생각하지 않는다
진짜 노래는
목소리보다 마음에서 흘러나와야 한다

어디서 끊고, 어떻게 꺾고, 어디서 울고
얼마나 길게 끌지를 계산하는
그 순간 노래는 감정을 놓치기 쉽다
가슴이 먼저 떨려야 한다
한 소절을 부르기 전에
그 노랫말의 주인공이 되어야 한다

왜 울었는지, 왜 떠났는지
왜 사랑했는지를 내 안에 품어야 한다

기교는 감정을 돋보이게 하는 장치일 뿐
감정이 없는 가교는 공허한 소리일 뿐이다
기교는 가르칠 수 있어도
감정은 살아온 날의 무게에서 나온다
그 무게를 껴안고 부른 한마디가
사람을 울린다
그래서 나는 말한다
노래는 기교 이전의 감정이다
그리고 감정은 살아온 날들에 대한
진심으로부터 시작된다

가수는 노래를 고르기도 하지만, 노래가 가수를 고르기도 한다

내가 선택한 노래, 그 노래는 결국 나라는 사람을 말해준다.

사람들은 「유일한 사람」을 부르면 김혜연을 떠올리고, 「섬소년」을 들으면 이정선을, 「행복한 사람」이 나오면 이주호를 기억한다.

이제는 그 가수보다, 그 노래의 향기가 먼저 다가온다.

가수가 누군가를 소개할 땐 이렇게 말한다.

"이 사람은 이런 노래를 불렀던 가수입니다."

왜일까? 그가 부른 노래가 그의 인생이고, 그의 성격이며, 살아가는 방식이기 때문이다. 나는 알고 있다.

어떤 노래는 사람의 어깨를 말해주고, 어떤 노래는 눈빛을 말해준다.

무심코 부른 한 소절에도 그 사람의 지난 삶이 녹아 있다.

그가 부른 노래는 누군가의 위로였고, 공감이었고, 살아 있는 생애였다.

그리고 내 음악의 뿌리를 말하자면, 통기타가 울려 퍼지던 그 시절 '해바라기'와 함께한 시간이 있다. 그 중심엔 이정선이 있었다.

나는 그 시절엔 밥 사 주던 '서 프로'였고 서형이었다.

그러나 지금, 통기타를 배우는 이들에겐 이정선은 분명 대부로 추앙받는다.

스승 이상의 영향력을 지닌 선배로서, 그는 지금도 수많은 젊은 음악인들의 마음속에 살아 있다.

노래는 기록이다. 그리고 그 기록은, 삶의 진실이다.

그 사람의 지난 삶이 녹아 있다.

그가 부른 노래는 누군가의 위로였고, 공감이었고, 살아 있는 생애였다.

노래는 제목이다

네가 어떤 노래를 부르느냐가
내가 누구인지를 설명한다
말 한마디보다 한 곡의 노래가
더 많은 걸 드러내고 더 깊게 각인된다

나는 수많은 무명 가수를 무대에 올려 보냈다
단, 한 곡 한 소절이 그 사람의 얼굴을,
마음을
철학을, 온몸으로 설명해 주는 순간을 보았다

이 가수 누구야?
라는 질문이 노래 한 곡으로 멈추고
아! 이 사람은 이런 삶을 살아온 사람아 구나?
그렇게 노래가 사람을 설명했다

그래서 내가 늘 하는 말
노래를 잘 부르는 게 중요한 게 아니다
그 노래가 너라는 사람을 말해주게 만들어라
노래가 나를 말해주는 순간,
나는 진짜 가수가 된다

내가 만든 그 노래가 나를 만들었다

처음엔 내가 노래를 만들었습니다
밤을 지새우며 가사를 쓰고
가슴을 뒤집으며
멜로디를 떠올렸습니다
사람 하나, 인생 하나
내 안에 들어와 노래가 되었습니다

사랑, 이별, 고독, 눈물, 그 많은 감정이
내 노래가 되었습니다
그러나 시간이 지나 나는 알게 되었습니다
그 노래들이 나를 만들고 있었던 것임을

사람들이 불러주는 그 가사 속에서
나는 다시 살아났고 무대 위에서

흘러나오는 그 멜로디에
나는 다시 태어났습니다
한 곡의 노래가 내 상처를 치유했고
또 한 곡의
노래가 내 삶에 명예를 주웠습니다
내가 만든 노래
그 노래가 나를 만들었습니다

딴따라였기에 노래로 말했고
노래로 사랑했고 노래로 견뎠습니다
그리고 지금
그 노래들이 나의 연대기입니다
한 편의 노래가 인생이 되었고
그 인생은
다시 누군가의 노래가 되는 것입니다

내가 부른 노래가 나를 말해준다

노래는
말보다 진심을 정확히 말해 주는 언어이다
나는 말로 내 삶을 다 설명하지 못한다
그러나 내가 부른 노래는
그 자체로 나의 인생이자 내 진술이다

어떤 사람은 내 노래 한 소절만 듣고
너의 눈물, 나의 사랑
나의 추억과 희망을 알아본다
그것이 노래다
노래는 듣는 이의 것이기도 하지만
먼저 부른 이의 것이기 때문이다

나는 노래 속에 내 역사를 숨겨 놓았다
그 숨결을 들여다보면
내가 살아온 인생의 결이 보인다
그래서 감히 나는 말한다
내가 부른 노래를 들어보면
내가 어떤 사람인지 알 수 있다
그 말은 거짓이 아니다

노래는 결국 사람을 드러낸다
그 사람의 진심을, 기억을
그리고 사랑을

내가 부른 노래가 너다

가수가 누군가를 소개할 땐
이 사람은 이런 노래를 불렀다고 말한다
왜일까?
그 사람이 부른 노래가
그 사람의 인생이고, 성격이고
사랑의 방식이기 때문이다

나는 알고 있다
어떤 노래는 사람의 어깨를 말해 주고
어떤 노래는 눈빛을 말해 준다

무심코 부른 한 곡에도
그 사람의 성정이 스며 있고
절절히 부른 한 소절엔

그 사람의 지나간 날들이 담겨 있다
당신이 부른 노래를 들으면
당신이 어떤 사람인지 알 것 같아요

누군가 그렇게 말했다
나는 고개를 끄덕였다
맞다, 내가 부른 노래가 너다
노래가 내 얼굴이고
내 삶의 증언이며
내가 세상에 남긴 말이다

4

짤송은 시대의
풍경이다

짤송은 시대의 풍경이다
- 딴따라 자서전 테마송

어깨 위 짐이 무거운 날 뉴스도, 세상도 나 몰라라
휴대폰 속 15초 노래 한 줄 나를 웃게 하고 울게 하네
사랑도 유머도 촌철살인 눈물 뚝 그치게 하는 그 짤
무대는 작아도 진심은 크다 그게 짤송, 내 삶의 쉼표야

짤송은 시대의 풍경이다 웃음 뒤에 묻힌 눈물까지
한줄기 가사, 한마디 멜로디 버스 안에서도, 골방에서도
우린 그렇게 살아낸다

가끔은 너무 진지해서 아무도 듣지 않던 긴 노래
짤송은 단숨에 마음을 뚫고 나보다 먼저 나를 말해주네
누가 만들었는지 몰라도 그 목소리에 귀 기울이고
하루의 피로가 살짝 녹는 짤송, 그게 내 요즘 인생이다

짤송은 시대의 풍경이다 말보다 빠르고 마음보다 먼저
사람들 틈에서 외롭던 날 짤송 한 곡이 친구가 돼주네

짤송은 가볍지 않다 짧지만 가장 깊은 이야기
내 삶의 브금, 내 마음의 풍경이다
휴대폰 속 15초 노래 한 줄 나를 웃게 하고 울게 하네
사랑도 유머도 촌철살인 눈물 뚝 그치게 하는 그 짤
무대는 작아도 진심은 크다 그게 짤송, 내 삶의 쉼표야

짤송은 시대의 풍경이다 웃음 뒤에 묻힌 눈물까지
한줄기 가사, 한마디 멜로디 버스 안에서도, 골방에서도
우린 그렇게 살아낸다

짤송은 가볍지 않다 짧지만 가장 깊은 이야기
내 삶의 브금, 내 마음의 풍경이다

짤송은 공동체의 기억 창고다

 짧은 영상 시대, 짤송(짧은 음악 클립)은 하나의 문화 현상이 되었습니다. 우리는 스마트폰 화면에서 음악을 소비할 뿐 아니라 짧은 노래 한 곡으로 웃고, 울고, 공감하는 시대를 살고 있습니다.

짤송은 시간의 단축이지만 감정의 확장이다
 몇 초의 음악으로 슬픔, 그리움, 유머, 위로를 전송하는 매체-그 짧지만 강렬한 감정은, 오히려 깊이 있는 인간적 경험을 소환합니다.

짤송은 공동체의 기억 창고다
 단절된 시대 속에서도 '김삿갓', '국밥집 아저씨' 같은 상징이 몇 초의 음악으로 공감되고 공유되며 사회적 감수성을 유지시키는 장치가 됩니다.

짤송은 일상에 깃든 철학이다

출근길, 휴식 시간, 일상의 틈새에서 짤송은 위안이자 순간의 통찰입니다.

"행복은 여행이 아니라 방향이다"라는 말처럼 노래 속 감정은 삶의 태도와 일치하기도 합니다.

짤송은 단순한 유행이 아니라 이 시대를 살아가는 우리가 지속적으로 목소리를 내고, 연결되고 공감하는 방식입니다.

짧지만 깊은 현대의 풍경입니다.

땡까송, 그것은 해학이다

땡까송은 짤송의 연장선이자, 춤과 구호가 섞인 일종의 퍼포먼스형 음악입니다. 그 이름부터 이미 해학적이고, 비판적입니다.

땡까송은 비틀고 반어 하는 음악이다
'땡까!' 한 소절이 던지는 반항, 웃음 섞인 조롱, 그것은 시대와 권력에 대한 풍자이자 자기 위로입니다.

땡까송은 우리의 삶을 다시 읽는 도구다
길거리, 노래방, 축제 현장에서 우리는 땡까송을 부르며 부끄러운 자신도, 억압된 사회도 유머로 풀어내고 해체합니다.

땡까송은 철학적 저항이다
주류의 교양과 권위에 저항하면서 "나는 이대로도 괜찮다"라고 선언하는 행동이 됩니다.

그것은 곧 존재론적 해방입니다.

땡까송은 해학의 옷을 입는 저항이며, 보통 사람들의 내면에서 울리는 혁명입니다. 리듬에 담긴 조롱은 사회적 답답함을 풀어내고 우리가 웃으며 맞서는 방식입니다.
이것은 해학이며 동시에 존재의 선언입니다.

내 음악의 뿌리,
이정선과 해바라기 그 시절 통기타의 풍경

「딴따라 땡까송」 중 - 서프로의 회고

내 음악 인생에서 빼놓을 수 없는 출발점이 있다면, 그건 다름 아닌 '해바라기'와 통기타의 시대다.

그 중심에는 언제나 이정선이 있었다. 그리고 지금의 나 '서프로'라는 별칭까지 붙여준 고마운 사람이다.

이정선 - 내 음악의 뿌리

이정선은 단순한 기타리스트가 아니라 대한민국 포크 사운드의 주춧돌 같은 존재였다.

그는 훗날 성신여대 실용음악과 학과장으로 후학을 양성하기까지 했지만, 그 이전에 그는 내가 처음으로 마주한 진짜 '음악인'이자, 정신의 뿌리였다.

그가 만든 앨범 「섬소년」은 지금도 내가 자주 꺼내 듣는 영혼의 지도 같은 음반이다.

가요계 어느 누구도 그처럼 기타로 말을 걸 수는 없었다.

해바라기의 탄생 - 통기타 혼성 4인조 시절

당시 나는 작고 소박한 무대들을 기획하면서 해바라기라는 팀의 구성부터 음반 제작, 무대 기획, 섭외까지 직접 손발을 맞췄다.

이정선, 이광조, 이주호, 한영애

이 네 명이 초기 해바라기의 혼성 4인조 멤버였다.

기타를 중심으로 감성을 노래하는 팀이었지만 그 안엔 탁월한 보컬력과 연주력이 숨 쉬고 있었다.

당시 이광조와 이주호는 군 복무 관계로 스위칭, 신촌부르스 엄인호는 세션 및 게스트로 자연스럽게 함께했고 이후 각각 이광조 「나들이」, 한영애 「어제 밤에는」 등 솔로 음반들도 내가 직접 기획 및 제작하며 솔로 가수로의 데뷔를 도왔다.

그 시절 포크는 단순히 음악 장르가 아니라, 청춘의 언어였다.

해바라기와 함께하며 나는 무대라는 땅 위에 소리와 사람을 심는 기획자가 되었다.

"음악을 밥처럼 나누고, 기타 줄처럼 팽팽하게 마음을 조율하던 시절, 그 곁엔 해바라기가 있었고, 그 중심엔 이정선이 있었다."

소리는 기술이 아니고 기억이다

노래는 목에서 나오는 게 아닙니다
기억에서 나옵니다

그때의 눈빛, 그 사람의 뒷모습
목 끝에 맺힌 눈물과
마시지 못한 커피 한잔까지도
다 기억합니다

그래서 진짜 가수는
음정 하나에도 과거를 담습니다
숨결 하나에도 인생을 담습니다

기술은 반복하면 늘지만
기억은 쌓아야만 피어납니다
나는 그런 소리를 믿었습니다

수십 년 세월을 같이한 무명가수의 한 소절
이름 없는 무대에서 흘린 눈물
그게 곧 노래였습니다

그리고 그 기억은
들을수록 따뜻해지고
부를수록 깊어지는 법입니다

기교 아닌 진심, 기술 아닌 생존

- 왜 우는지 알아야 꺾는다

가수에게 꺾기란 뭘까요?
목을 돌리는 기술? 소리를 뽑는 요령?
나는 그렇게 안 봅니다
꺾기란 우는 이유를 알아야 나옵니다
왜 그대가 날 떠났는지
왜 나는 취한 채로 밤거리를 떠도는지
그걸 가슴으로 느껴야 소리가 울죠

그래서 나는 말합니다
기교는 기술이 아니라 진심의 모양이다
지금처럼 다들 음정과 박자에만 몰입한 시대
그 틈에서 진짜 노래는 자꾸 사라지고 있습니다
기계가 맞춘 노래는 많지만
가슴으로 부른 노래는 점점 줄어듭니다

나는 50년을 봤습니다
기술은 늘 바뀌지만
진심은 시대를 타지 않습니다

살기 위해 무대에 섰던 시절
숨죽인 발성, 복부의 진동
어떤 소리는 울다 끊어지고
어떤 소리는 삶처럼 퍼져 나갔습니다
그게 바로 기교 아닌 생존
기술 아닌 진심이었습니다

히트곡 하나 실패한 곡 99개

- 그 노래하나 나오기까지 눈물

사람들은 말합니다
한 방 터졌네
히트곡 하나로 이름났네
하지만 그 히트곡 1곡 나오기까지
나는 99곡을 실패했습니다

한 곡에 며칠 밤을 지새우고
가수랑 싸우고, 화해하고
다시 고치고 고친 곡들이 끝내
무대조차 못 밟고 사라지곤 했습니다
그중에는 참 아까운 곡도 많았죠
가수가 안 맞거나, 시절이 안 맞거나
기획이 부족해서 묻혔던 노래들
하지만 그 99곡 없이는 단 한 곡도

세상 밖으로 나갈 수 없었습니다

무대에서
박수를 받은 그 3분의 노래 뒤에는
3년, 5년, 10년의 세월이 숨어 있었고
그 시간에는
수많은 좌절과 눈물이 있었습니다
그래서 나는 말합니다
히트는 기적이 아니라 결과다
그 기적을 위해 나는 늘 땡까였다
그 땡까, 절실한 가난과 절실한 인생
그게 곡을 만들었고,
가수를 만들었습니다

노래는 진실의 온도에서 살아남는다

노래는 시간이 지나도 남는 게 있습니다
그건 소리의 기교가 아니라 진실의 온도입니다
요란한 장식도, 화려한 무대 장비도,
잠깐의 유행도 결국엔 잊히고 살아집니다

하지만 한 곡의 노래가
10년, 20년 그리고
평생을 살아남는 이유는
그 노래가 진심을 품었기 때문입니다

거침없이 부른 목소리
속이지 않은 감정
그 사람의 눈빛과
호흡 하나하나까지

모두가 진실이었기 때문입니다
그 노래는
시간 앞에서 무너지지 않았습니다

그 진실은 노래에 온기를 남기고
그 온도는 사람들의 가슴에
오래도록 머뭅니다
그래서 진짜 노래는
기억되는 게 아니라
살아남는 겁니다

우리는 지금
그 살아남은 노래들을 다시 부르고
다시 새기고 있습니다

노래는 나를 기억하게 만든다

나를 오래 기억한 사람들은
내가 남긴 말이 아니라
내가 남긴 노래를 기억한다

어느 무명가수가 나에게 물었습니다
선생님 저도 누군가가 기억할까요
나는 말했다
노래는 내가 사라진 후에도 남는다고…

기억은 바람이지만
노래는 향기입니다
어디선가 불쑥 다가오는 그 노랫말
그 음성. 그건 곧 나의 그림자요
나의 분신입니다

노래를 가르친다는 건
가슴을 남기는 법을 전해주는 일입니다
기억되려거든 기술이 아닌
심장을 건네야 합니다
기억되려거든
노래로 당신을 살아 있게 해야 합니다

그래서
나는 오늘도 누군가의 노래에
내 청춘을 싣습니다

노래 그건 내 인생이었다

누구에게는 노래가 직업이고
누구에게는 노래가 취미였지만
나에겐 노래가 인생이었다

딴따라라 불리며 비웃음도 샀지만
그 노래 안에 담긴 사람의 눈물, 사랑
그리고 분노를
나는 누구보다 가까이서 지켜봤다
한 곡 한 곡이
어떤 이에는 마지막 희망이었고
어떤 이에게는
평생을 걸어 만든 삶의 이야기였다

나는 그 곁에서 때론 가사를 쓰고

때론 음반을 기획하고,
때론 무대 뒤편에서
땀을 닦아줬다
무명가수들의 떨리는
첫 리허설부터 히트곡이 되어
관객과 함께 부르는 앙코르 무대까지
나는 그 모든 순간을 함께했다

노래는 내게
인연이었고, 일이었고, 사명이었고
마지막으로 내 인생 자체였다
그래서 지금도 노래를 만들고
노래를 듣고
그 노래를 통해 사람을 만나고
시대를 말한다
노래 없이 나는 설명되지 않는다
그래서 말한다
노래, 그건 내 인생이었다

가수는 노래 한 곡으로 만들어지지 않는다

- 발굴, 수련, 기다림… 땡까가 본 진짜 데뷔

사람들은 종종 묻습니다
가수는 어떻게 만들어지나요?
나는 이렇게 말합니다
가수는 노래 하나로 만들어지지 않습니다
데뷔는 출발일 뿐 진짜 가수가 되기까지는
수백 번의 노래, 수천 번의 기다림
그리고 무명의 시간이 필요합니다

내가 함께한 무명가수들
어떤 친구는 7년을 연습만 했고
어떤 제자는 5년 동안
무대에 한 번도 서지 못했습니다
그 시간 동안 나는 곁에 있었습니다
돈도 안 되고, 이름도 안 나는

그 기나긴 수련의 시간 말입니다

요즘 가수들은 빠릅니다
기계가 음정을 맞춰주고
녹음실에서 감정을 보정합니다
하지만 나는 묻고 싶습니다
그게 가수입니까?
무대에서 노래로 눈물짓게 하는 사람
그게 진짜 가수 아닙니까?

이제 나는 그 진실을 다시 꺼내려 합니다
딴따라로 살아온 내 인생, 그들의 기억
바로 여기서부터입니다

가수는 노래하나를 만드는 일이 아닙니다

옛 가수들은
짧게는 3, 4년 길게는 6, 7년 연습생이라는
숙성의 과정을 거쳤습니다
무대에 오르기까지 철저한 발성과 기본기
훈련과 고비를 하나씩 넘어야 했고
그렇게 얻어진 목소리는
삶을 담아내는 악기가 되었습니다

반면 오늘날 무대는 기초과정 없이
녹음실에서 기계가 만들어 준 CD 한 장
달랑 들고 무대에 서는 것이 일상화됐습니다
하지만 노래는 기계로 부르는 것이 아닙니다
사람이 부르는 것이며
사람의 이야기를 담아내는 것입니다

나는 지금껏 발굴한 수많은 신인가수
작곡가들과 레슨 과정에 함께했습니다
한 사람의 목소리가
자신의 인생을 담아낼 때까지
그 삶의 무게와 감정이
소리가 될 수 있을 때까지
많은 시간을 같이 호흡하며
묵묵히 동행했습니다

그래서 저는 말합니다
노래는 사람이 만든다는 것을
무대는 훈련이 아닌
숙성 위에서 비로소 피어난다는 것을
노래는 곧 삶입니다

5

뽕짝의 역사

뽕짝은 소시민의 역사다

- 삶의 끝자락에서 피어난 멜로디

아침부터 구부정한 어깨
시장 한 귀퉁이 국밥 한 그릇
소주 한 잔에 말 없이 흘린 눈물
그게 우리 아버지의 노래였다
화려한 무대는 몰라도
골목마다 울리던 그 멜로디
기교는 없어도 마음은 뚜렷했다

뽕짝은 소시민의 역사다
버텨낸 하루, 견딘 세월의 기록
춤이 아니어도
그 박자에 삶이 실리고
가사가 아니어도
눈빛으로 말하던 노래

그게 뽕짝이다
우리 모두의 이야기다

빨래 너는 아낙의 콧노래
버스 안 청춘의 이어폰 속
결혼식장, 장례식장, 잔칫집마다
뽕짝은 빠지지 않았다
거창한 건 몰라도 진짜는 거기 있었다
밥벌이, 사랑, 이별까지
다 노래로 남았다

뽕짝은 소시민의 역사다
하루를 위로한 허밍 한 줄
그 멜로디 안에서 우린 잊지 않았다
사는 게 뭐냐고 묻는다면
그 노래 속에 답이 있다

누군가는 촌스럽다 했고
누군가는 진부하다고 했지만 우린 안다
뽕짝은 우리의 삶이었다
그리고 지금도 계속되는 역사다

뽕짝의 역사

뽕짝 그것은 한국 대중가요의 뿌리이자 상처였다

뽕짝은 한때 가장 대중적인 음악이었지만
동시에 가장 천대받던 장르였다
딴따라는 말로 멸시받고
'땡까'라는 비웃음으로 조롱당하기도 했다

그러나 그 소리 속엔 서민의 한이 있었고
밥벌이의 고단함이 있었으며
사랑과 이별 눈물과 희망이 살아 숨 쉬었다

뽕짝은 일제강점기의 창가(唱歌)와 광복 이후의 유행가
그리고 미군정시절의 트위스트 리듬과
신파조 발라드가 섞이며 만들어졌다

뽕짝은 산업화 시대를 거치며 한국인들의 애환을 노래했고
1980년대 컬러 TV시대를 전후로 TV쇼와 단막극
음악다방을 통해 전성기를 누렸다

그러나 언제부턴가 뽕짝은 조롱의 대상이 되었다
촌스럽다, 싸구려 감성이다
시대에 뒤떨어진다는 비난 속에 방송가에서 경원당했다
심지어 가수의 등급이 매겨졌고 2류 3류 취급을 받았다

하지만 뽕짝은 꺾이지 않았다
대중은 뽕짝을 배신하지 않았고
트로트로 대중가요로
다시 가요무대와 전국노래자랑으로 살아났다

유 튜브 시대에 접어들며
뽕짝은 역설적으로 더 강한 생명력을 얻게 되었다

이제 뽕짝은 부끄러운 유산이 아니라
공감의 코드 세대 간의 다리 감성의 저장소가 되었다

김혜연 · 서주경 · 서지오

– 유쾌함, 당돌함, 진중

1990년대 트로트의 세 가지 얼굴

1990년대는 트로트의 색깔이 다양해지고, 여성 가수들이 각자의 개성으로 무대를 물들인 시기였다.

나는 이 시기에 김혜연, 서주경, 서지오 세 사람을 중심으로 하나의 가족처럼 함께 걸었다.

우리는 '딴따라 패밀리'였다.

김혜연 – 바운스를 가장 잘 타는 가수

앙증맞은 창법, 경쾌한 세미 트로트, 그리고 수많은 히트곡으로 '행사 퀸'이라 불린 김혜연은 그 어떤 무대에서도 밝고 흥겨운 에너지를 선사했다.

특히 그녀만이 가능한 창법으로 리바이벌조차 힘들다는 「뱀이다」, 「토요일 밤에」 같은 곡들을 대히트시켰고 행사 섭외 1위 가수로 10년 이상 정상에 있었다.

서주경 – 당돌한 감성, 정통을 뚫다

정통 트로트의 음색과 발성은 이미자 선생을 연상케 했지만, 그녀는 '당돌한 여자'로 감각적 트로트의 지평을 열었다.

정통을 기반으로 하되 그 틀을 과감히 벗어난 스타일, 청춘의 불안과 자신감을 동시에 담은 무대는 현재에도 많은 이들에게 신선한 충격이자 공감이었다.

지금은 후학을 양성하고 있는 훌륭한 프로듀서로도 활동하고 있다.

서지오 – 진심으로 설득하는 무대형 가수

겉보다 속이 단단했던 서지오는 눈에 띄는 화려함보다 노래의 진심으로 관객을 설득한 가수다.

열정적인 매너로 무대 집중력이 뛰어났고, 성실함과 꾸준함으로 스포트라이트를 얻었다.

김혜연과 서주경 사이에서 늘 중심을 잡아주는 안정감, 딴따라 패밀리 중에서도 가장 '프로다움'이 묻어났던 목소리였다.

함께 걷던 그 시절

세 사람은 스타일도 다르고 창법도 달랐지만 딴따라라는 한 지붕 아래서 나와 함께 가요계의 '딸 셋'을 키우듯 성장해 나갔다.

유쾌함, 당돌함, 진중함 - 무대를 사람 냄새로 채워 주는 따뜻한 바람이었다.

이 셋의 조화는 2000년대 트로트를 더욱 다채롭게 만들었고, 무대를 사람 냄새로 채워 주는 따뜻한 바람이었다.

딴따라 땡까의 심장을 말하다

딴따라라 불리던 시절이 있었습니다
기타를 메고 서울로 올라온 청년은
무대 뒤에서 가수를 키우고
노래 하나에 인생을 걸었습니다

지금 내 나이 여든
사람들은 이제 물러날 나이라고 합니다
하지만… 나는 아직 말하고 싶습니다
딴따라 땡까로 살아온, 그 뜨거운 시간을
누군가에겐 소리 없는 그림자였고
누군가에겐 무명 시절의 유일한 친구였던 이름
바로 서판석입니다

내 인생의 노래

누군가는 직업이 가수냐고 묻는다
나는 조용히 웃는다
아니요, 노래가 제 인생입니다

마이크를 잡은 그 순간부터
나는 무대 위에서 살았고, 무대에서는
다음 무대를 위해 숨을 쉬었습니다

노래가 밥이었고
노래가 잠이었으며
노래가 때론
나를 버티게 한 버팀목이었습니다

슬플 땐 노래로 울었고
기쁠 땐 노래로 웃었습니다
사랑도, 이별도, 그리움도
모두 노래 속에 담겨 흘러갔습니다

사람들은 노래 한 곡 듣고 있지만
나는 노래 한 곡을 만들고 살아냈습니다
그리고 지금도 그렇습니다
노래

그것이 내 인생입니다
그리고 오늘도 여전히 그렇습니다

진짜 가수는 소리를 부리지 않는다
- 마음을 부른다

노래는 감정의 그릇이다
노래를 잘 부른다는 건 무엇일까?
음정을 정확히 맞추는 것?
고음을 시원하게 질러대는 것?
틀리지 않는 노래는 기계도 한다
하지만 사람의 가슴을 흔드는 노래는
오직 감정이 담긴 노래뿐이다
소리가 아니라 마음이 노래를 만든다

마음을 부르는 가수의 길
진짜 가수는 말한다 나는 노래를 부르는 게 아니라
살아온 이야기를 전할 뿐이다
울컥한 감정, 차오르는 눈물, 내면 깊은 곳에 진심
그게 음정보다 강하게 더 깊게 전달된다

그게 딴따라의 노래다

삶이 묻어나야 감동이 된다
청중은 안다
그 노래에 진심이 있는지
삶의 무게가 실려 있는지
노래를 외운 사람이 아니라
노래를 살아낸 사람의
소리가 다르다는 걸
가슴에서 올라오는 소리
그게 바로 사람을 울리는 소리다

우리는 노래하는 철학자다
딴따라 땡까음은 흥만 부리지 않는다
소리를 넘어 마음을 건넨다
감정을 넘어 삶을 나눈다
그게 우리가 부르고 싶은 노래다
그게 우리가 전하고 싶은 이야기다

진짜 가수는 목보다 눈빛이다
- 노래보다 먼저 우는 사람들

나는 봤습니다
무대 뒤에서 벌써 눈물이 고인 눈빛
마이크 잡기도 전에
노래가 시작된 사람들

그 시절 그 가수들은
목소리보다 눈빛이 먼저였습니다
복잡한 고음도 아니고
화려한 리듬도 아닌데
왜 울었을까요?

그건 자신의 이야기를
부르기 때문입니다
자신들이 살아온 삶

지나간 사람들, 떠난 부모
첫 무대, 마지막 박수, 이 모든 게
가수의 눈빛에 담겨 있었어요
그래서 우는 목소리보다
눈빛에 먼저 울었습니다

어느 날 나는
신인 가수에게 물었습니다
넌 노래를 부르려 하지 말고
그 사람을 떠 올려라
그러면 노래가 저절로 나온다
노래는 입에서 나오는 게 아닙니다
마음이 먼저 움직이고
그다음에 소리가 따라오는 것
그게 진짜 노래입니다

운명도 무대도 모두가 내 교과서였다

누군가는 학원에서, 누군가는 책에서
노래를 배운다고 합니다
하지만 내게 노래는
운명에서 배운 것이었습니다
내가 원해서 만난 길이 아니라
삶이 나를 데려간 길
그 길목마다 마주친 무대는
교과서보다 진짜였고
사람들은 선생이었습니다

울음을 삼키고 노래를 불렀던 무대
관객이 하나도 없던 첫 공연, 그 모든 시간이 내겐
한 줄 한 줄 그려진 악보 같았습니다
누가 가르쳐 주지 않았어도

인생이 가르쳐주었습니다
절박한 마음이 음정을 만들고
진심이 박자를 채우고
외로움이 가사를 만들었습니다

무대를 밟을 때마다 나는 조금씩 성장했고
운명도 무대도 나를 훈련하게 만드는
교과서였지요
그래서 나는 오늘도 삶에게 배우고
노래로 답하려 합니다
그렇게 살아온 시간, 그렇게 배운 노래
이제는 누군가의 교과서가 되기를
기도합니다

녹음실보다 시장통이 무서웠다
― 돈 낸 관객은 스승이었다

내가 처음 녹음실에 들어갔을 땐
온몸이 굳고 귀가 막혔습니다
기계는 냉정했고
모니터 속 내 목소리는 낯설었죠
하지만 진짜 무서운 건 녹음실이 아니라
시장통 무대였습니다

주말이면 지방 장터에 스피커 하나
마이크 하나 들고 올라갔습니다
관객은 돈을 낸 분들이었습니다
욕도 하셨고, 눈물도 보이셨죠
한 곡 잘 부르면 배추 한 포기라도 얻어 갔고
노래 망치면 쌀자루가 던져졌습니다
그게 무대였고 그게 수업이었습니다

그 시절, 악보보다 무서운 건
고개 돌리는 관객
화성보다 어려운 건, 박수 없는 손
그래서 난 녹음실보다 시장이 좋았습니다

거기엔 답이 있었고, 스승이 있었고
진짜 노래가 있었습니다
그때 깨달았습니다
노래는 부르는 것이 아니라
견디는 것이라고

히트보다는 진짜 노래를 남기고 싶다

- 사람의 마음에 남는 노래는 따로 있다

히트곡, 물론 좋다
히트하면 좋습니다
사람들이 따라 부르고
방송국에 불려 다니고
길거리에서 내 노래가 흘러나오면
그건 분명 가수로서의 영광입니다
하지만 시간이 지나 유행이 끝나면
히트곡도 사라집니다

오래 남는 노래는 따로 있다
히트는 순식간이지만 진짜 노래는 평생을 간다
어느 날
술 한 잔 기울이며 조용히 흥얼거릴 수 있는 노래
인생 끝자락에 한 구절 읊조릴 수 있는 노래

그게 진짜 노래 아닙니까?

히트보다 마음에 남는 음악
나는 바란다
한 사람에게라도 오래 기억되는 노래
그 사람의 인생과 포개져 기억되는 노래
그걸 만들고 싶어서
그래서 나는 여전히 딴따라를 노래한다

유행은 지나가고 진심은 남는다
수백만이 좋아해도 진심 없이 만든 노래는 금방 잊힌다
반면 소수의 마음이라도 울린 노래는
그 사람의 인생에 평생 살아 숨 쉰다
나는 그런 노래를 만들고 싶다
히트보다 진짜를 남기는 사람이 되고 싶다

무명이란 이름의 찬란함

무명 시절, 누구도
이름을 불러주지 않았다
관객보다 조명이 더 따뜻했던 시절
그러나, 그때야말로
진짜 가수를 만들어 내는 시간이었다

무대 아래서 무대를 그리워했고
지하 단칸방에서 꿈을 품었다
소리보다 눈빛이 먼저 떨렸고
가사 한 줄 외우며
수백 번 거울 앞에서 연습을 거듭했다

그 시절
돈도, 명성도

스포트라이트도 없었지만
진심만은 넘쳐흘렀다
노래가 좋아서, 무대가 좋아서
울면서도 노래를 놓지 않았다

무명은 비참한 시간이 아니라
가장 순수했던
가장 치열했던 시간이다
대신 그 시간은 찬란하다
그때의 절박한 눈물
그 속에 피어난 단단한 내가
지금의 무대를
떠받치고 있기 때문이다

그래서 난 말한다
무명이란 이름은 찬란함이었다고

무명은 죄가 아니다
- 무명은 숙성이다

무명 시절이요?
그건 가수가 되는 시간이 아닙니다
가수로 익어가는 시간입니다

누가 박수 쳐 주지 않아도
무대는 무대였습니다
밤무대
잔칫집, 축대 옆 임시무대
여름엔 모기떼
겨울엔 하얀 입김 뿜으며
노래 불렀습니다

무명은 죄가 아닙니다
오히려 숙성입니다

그 시간 동안 목은 단단해지고
감정은 농익고
노래는 사람 냄새를 품습니다

누구나 스타가 되기를 원하지만
누구나 무명이 되진 않습니다
무명은 선택이 아닌 견딤입니다
그러나 무명의 시간은 창피한 게 아닙니다
오히려 가수에게 허락된
가장 값진 수업입니다

나도 그랬고 지금 이름난 그들도
다 그런 시절이 있었습니다
단 한 사람도 예외는 없었습니다

무대는 거짓을 이기지 못 한다
- 진심은 숨길 수 없다

무대는 가면을 벗기는 곳이다
카메라가 없다고 해도
관객은 눈을 감고도 진짜를 알아봅니다
눈빛 하나, 떨리는 목소리 하나
그 모든 게 거짓이라면 무대는 거부합니다
무대는 감정을 비치는 거울입니다
있는 그대로를 더 선명하게 드러냅니다

기술보다 진심이 먼저다
노래는 음정과 박자만으로 완성되지 않습니다
가슴에서 울리는 그 한 소절이
기교를 이기고, 기술을 이깁니다
진짜 울고 있는 사람이 부르면
청중은 같이 울게 되어 있습니다

무대는 정직하다
무대는 거짓을 허락하지 않습니다
노래가 마음에서 나오지 않는다면
관객의 마음도 허락하지 않습니다
그래서 무대는 두렵지만
그래서 무대는 가장 위대한 공간입니다

무대에서 살아남는 법
어설픈 포장, 가짜 감정은 오래가지 못합니다
관객은 진심에 박수 치고 거짓엔 침묵합니다
무대는 결국 '사람'으로 이기는 곳입니다
진짜 가수는 말하지 않아도 압니다

한지 위에 인생을 써내려

에어컨은 틀어놨다
한지 500장, 포장 중이다
내 인생의 열기,
내년엔 용암처럼 분다
지금은 차분히 준비 중일 뿐

나는 화려한 금박지보다
쉽게 찢기지 않는 한지 같은 사람
세월이 지나도 바래지 않는
소박하지만, 깊고 묵직한 그리움

우리 인생은 지금, 이 순간도
훗날엔 시가 되고
자서전이 되고

노래가 얹히면
움직이기 시작한다
그래서 나는 말한다
노래는
글보다 나중에 움직이는 것이다
그 보다 움직이어야 할 건
내 가슴이다

가슴에서 출발한 가사 한 줄이
사람의 삶을 위로하고 움직인다
작사는 가슴으로 써라
머리는 나중에 움직인다

노래하는 딴따라, 춤추는 피에로

나는 노래를 잘하지 못한다
음은 늘 한 발짝 늦게 따라오고
박자는 자꾸만 옆길로 샌다, 춤도 마찬가지다
몸은 굳어 있고 발은 제멋대로이니
곡조에 맞추어 흘러가는 몸짓은 애초부터 내 것이 아니다

그러나 나는 멈추지 않는다
무대 위에서, 혹은 삶이라는 큰 무대 앞에서
나는 늘 노래하고 춤춘다
사람들은 웃으며 말한다
"어이, 저 어설픈 딴따라, 피에로 같으니라구"
하지만 나는 안다, 그 웃음 뒤에 감춰진 마음이
사실은 나와 크게 다르지 않다는 것을

영화가 되고

드라마가 된다

사람들은 말하겠지

"그들은 미쳤지만, 진짜였다고"

"그때 그 한지 한 장이, 역사를 바꿨다고"

작사는 가슴으로 써라

글을 쓸 때 특히 작사할 때는
머리보다
가슴이 먼저 움직여야 한다
기교나 계산은 잠시 접어두고
진심부터 꺼내놓아야 한다

가슴으로부터 쓰지 않는 가사는
노래가 되어도
사람을 움직이지 못한다
기억에도 남지 않는다
그러나 가슴으로 쓴 가사는
세월을 건너도 남는다

그 진심이 담긴 글 위에

광대와 피에로는 서로 다른 대륙에서 태어났지만, 본질은 같았다. 그들은 세상을 비틀어 풍자했고 권력과 부조리를 웃음으로 무너뜨렸다.

봉산 탈춤 대목에는 이런 구절이 있다.

"양반이로되 밥 한 그릇 못 벌어, 기생집 술값이나 걱정하는 꼴이로다."

여기엔 해학이 있다. 그러나 해학은 단순한 웃음이 아니다. 해학은 가난한 자들의 무기였고 눈물이 굳어 만든 칼날이었다. 피에로가 분칠한 얼굴로 눈물짓듯, 탈춤의 광대는 익살 뒤에 서민의 분노를 감추고 있었다.

우리가 웃으며 외치는 이 말은 결국 저항의 언어다.

"웃음은 칼보다 날카롭다." - 속담

나는 이제 안다.
광대란 세상을 즐겁게 하는 자가 아니라, 세상의 고통을 짊어지고 대신 울어주는 자임을. 그래서 나는 선언한다.
나는 노래하고 춤추는 어릿광대, 그 이상도 이하도 아니다. 그러나 그 가면 속에서 나는 세상을 향해 가장 진실된 목소리를 내고 있다.

누구나 자기만의 박자를 잃을 때가 있고
누구나 음정을 맞추지 못해 흔들릴 때가 있다
그렇기에 나의 삐끗거림은 곧 우리의 모습이다

하얀 분칠에 빨간 코를 단 채, 나는 스스로를 비웃는다
내 서툶과 내 어리석음을 먼저 웃어넘김으로써
세상의 무거운 시선조차 가볍게 바꿔버린다

노래를 못하면 어쩌랴
춤을 서툴게 추면 어쩌랴
나는 누구보다 진심으로
가슴으로 노래하고 마음으로 춤추는 사람이다

가면의 서시 광대와 피에로

나는 오늘도 가면을 쓴다.

웃음을 팔기 위해, 아니 살아남기 위해. 광대의 분칠은 단순한 분장이 아니라, 세상과 나 사이에 세워진 얇은 벽이다.

봉산 탈춤의 각시탈은 가난한 백성의 신음을 대신했듯이 피에로의 눈물은 웃음 속에 숨은 고통을 드러냈다.

그들은 언제나 무대의 중심에 서 있었으나, 동시에 가장 변방에 있었다.

"나는 웃지만, 내 마음은 눈물로 젖어 있다."

— 파가니니 가곡 중 피에로 대사

이 짧은 구절이야말로 광대의 운명을 압축한 말일 것이다.

사람들은 그의 곡예를 보고 손뼉을 쳤지만, 그 손뼉은 환호가 아니라 또 다른 채찍이었다.

비웃던 그 사람도
막걸리 한잔 들이켜며
그 곡 따라 부르더라
기교를 욕하지만
다 담긴 게 인생이다
땡까음 뒤엔 외침이 있다
우리의 방식 우리의 철학

땡까, 그것은 해학이다
멋부린 듯 웃기지만
들여다보면 속이 울컥. 가슴이 짠
뽕짝은 슬픔을 웃음으로 감싸는 예술
그게 땡까송, 그게 우리 방식이다

고음도 좋고, 기교도 좋아
하지만 진짜는
해학으로 노래하는 마음이다
땡까송은… 노래의 반전이
비틀어 말해도 마음은 살아
때론 모아서 던지는 한 줄
그게 해학이지 그게 땡까송

지·공·남 「지하철에서 만난 철학」

지공남, 고독의 철학을 탄다

공짜 지하철을 타는 남자, 그 존재의 증명

그는 매일 지하철을 탄다. 어떤 날은 온양온천으로, 어떤 날은 강촌으로, 또 어떤 날은 인천공항까지.

무임승차로 타는 지하철, 그 티켓 하나는 세금과 노동, 청춘의 증명이다.

'지공남(지하철 공짜로 타는 남자)'이라는 말은 때론 풍자처럼 들리지만 사실 그는 노년의 철학을 실천하는 유일한 존재다.

그는 떠나지 않는다. 기억의 풍경으로 향할 뿐이다.

"지하철이 단지 이동수단이라면, 그는 왜 커피를 들고 아무 데도 내리지 않는가?"

공항철도에서 커피를 마신다는 것

떠나는 대신, 떠났던 곳을 다시 만나는 철도 위의 회상

6

지공남 딴따라

땡까송, 그것은 해학이다
- 해학으로 부르는 우리 시대의 노래

고음으로 땡기고, 꾸밈음으로 꽈악!
그 소리가 날카로워 귀가 먼저 울린다
그래도 웃는다 우리네 정서
비틀어 말해도 마음은 살아
때론 꼬아서 던지는 한 줄
그게 해학이지, 그게 땡까송

땡까송, 그것은 해학이다
울지 말자, 대신 웃자
과장이면 어때, 진심은 남아 있으니까
삶이 고달프면 소리도 눌러 삼키는 법
땡까! 하고 웃고 끝에선 꼭 울게 된다

"그게 노래냐?" 하고

탑골공원과 동묘, 세월이 머무는 거리
 - 도시의 중심에서 가장 조용한 목소리를 듣다

　서울 종로, 낡은 돌담을 끼고 도는 길목에 탑골공원이 있다. 지하철 1호선을 타고 몇 정거장 더 가면, 동묘역 풍물시장이 나온다. 관광 안내책자 어디에도 크게 다뤄지지 않지만, 이 두 곳은 한국 사회 노년의 삶과 침묵이 서성이는 몇 안 되는 공공의 자리다.
　오후 12시 무렵, 탑골공원 앞에는 줄이 생긴다.
　기초생활수급자, 독거노인, 거리의 무명 시민들이 종교 단체와 자원봉사자들이 준비한 도시락을 받기 위해 서 있다.
　식사는 그저 한 끼가 아니다. 그 줄은 인정과 체온을 기다리는 줄이고, 누군가에겐 하루에 유일한 대화이자 눈 맞춤의 시간이다.
　공원 안으로 들어가면 장기판이 보인다. 젊은 시절 공사장을 오가던 손, 용접기와 삽을 들던 손들이 이젠 말 위를 천천히 밀며 하루를 보내고 있다. 이기든 지든 상관없다. 그 자리에 있음 자체가 의미다.
세상이 조용히 자신을 잊고 있다는 걸 아는 사람들은, 서로를 향해 침묵 속의 안부를 전한다.

　동묘역 풍물시장에 가면, 낡은 라디오, 해진 점퍼, 오래된 수첩, 녹슨 칼이 전시된 테이블이 보인다. 겉으로 보면 잡동사니에 가깝다. 하지만 그것들은 누군가의 젊은 날이 지나간 증거물이다. 한 세대가 쓰고 지나간 시간이 작은 거래 위에 조용히 올려져 있다.
　탑골공원도, 동묘도, 노년의 공간이다. 하지만 그것이 전부는 아니다. 이곳은 세월을 증언하는 장소, 도시가 잊은 사람들의 존엄의 마지막 무대다. 많은 이들이 말한다.
　'쓸쓸하다', '답답하다', '왜 저렇게까지 살아야 하나.' 그러나 그 평가들은 너무 빠르게 지나간다. 이 사람들은 단지 나이든 존재가 아니라, 한 시절을 견디고 우리 곁을 지나간 역사의 일부다.
　한때 누구보다 열심히 일하고, 가족을 부양하고, 국가 경제를 위해 노동했고, 세금을 냈던 이들. 지금은 '시장성이 없다'는 이유로, 방송에도, 기사에도, 정책 우선순위에도 잘 오르지 않는다. 그러나 그 자리에 분명히 '살고 있는 사람'이 있다.
　무거운 주제를 가볍게 끝맺기는 어렵다. 다만 이렇게 말하고 인천공항 도착역, 오후 3시. 비행기를 탈 예정이 없는 한 노인이 앉아 커피를 마신다. 그는 출국장을 지나지 않는다.

다만 한때 자신이 비행기를 타고 떠났던 삶의 흔적들을 떠올릴 뿐이다.

공항철도는 지금 그에게 '시간여행의 선로'이며 지금도 '떠나지 않지만 떠날 수 있었던 나'를 떠올리는 정체성의 플랫폼이다.

그 옆자리에는 또 다른 노인이 앉아 있다. 아마도 그는 인생이라는 여정에서 마지막으로 마주한 쉼표일 것이다.

'인천공항은 비행기 없이 도착하는 이들을 위한 마지막 비행장이 된다.'

탑골공원과 동묘, 세월이 머무는 거리

사라진 청춘을 기억하는 장소의 철학

서울 종로, 탑골공원. 정문 앞에는 무료 급식을 기다리는 노인들이 줄지어 서 있고 장기판 옆에서는 주름진 손들이 무언의 승부를 벌인다. 그들은 이미 세월의 증언자들이다.

동묘시장으로 가면 골목마다 먼지 낀 LP, 낡은 라디오, 찢어진 헌 책들. 그 모든 것들은 판매를 기다린다기보다는 누군가의 기억을 기다리는 시간의 잔해처럼 있다.

여기서 노인들은 묻지 않는다.

다만 조용히 만지고, 기억하고, 묵묵히 그 자리를 지킨다.

이 두 곳은 현대 도시에서 유일하게 노인이 중심이 되는 공간이며 과거가 현재와 평등하게 공존하는 장소다.

연작을 마치며

지공남은 어디론가 떠나는 사람이 아니라, 다녀온 길을 되짚는 사람이다.

강촌의 카페에서, 온양의 온천에서, 공항철도의 커피숍에서, 탑골공원의 장기판 옆에서, 동묘의 중고시장에서….

그는 오늘도 세월의 정거장에 멈춰 '나는 여전히 살아 있다'고 말한다.

싶다.

'지금 탑골공원 벤치에 앉아 막걸리 한잔 기울이고 있는 어르신이 오늘날 우리가 누리는 도시 시스템, 가족 제도, 일상적 평화의 토대를 만들었던 분일지도 모른다.'

그 기억만으로도, 우리는 그 벤치 하나를 헛되이 바라봐선 '안 된다'. '없다'는 이유로, 방송에도, 기사에도, 정책 우선순위에도 잘 오르지 않는다. 그러나 그 자리에 분명히 '살고 있는 사람'이 있다.

무거운 주제를 가볍게 끝맺기는 어렵다. 다만 이렇게 말하고 싶다.

공짜 지하철을 타는 남자

– 그 고독한 존재의 철학

"그는 아무 데도 가지 않는다. 그러나 매일 어딘가를 향해 떠난다."

누군가는 그를 비웃는다. 아침마다 구김 잡힌 바지를 입고, 카드를 찍지도 않은 채 개찰구를 지나치는 남자. 강촌행 전철에 앉아 창밖을 멍하니 바라보거나, 인천공항 도착역에서 커피 한 잔을 들고 앉아 있는 그.

그는 바로 '지공남', 지하철을 공짜로 타는 남자다.

목적지 없는 기차는 어디로 향하는가.

'공짜'라는 말은 때론 폭력적이다. "돈 안 내고 다닌다"는 말로 그들의 이동은 낭비처럼 취급되고, 그들의 존재는 가치 없는 시간처럼 보인다. 그러나 이들은 단지 지하철을 타는 것이 아니다.

그들은 과거로 회귀하고 있다.

강촌은 아들의 첫 소풍이 있던 날의 그 벤치가 있고, 온양온천은 돌아가신 아버지와 마지막 목욕탕이 있는 곳이며, 인천공항은 한때 세계를 누볐던 자신을 떠올리는 '정체성의 공항'이다.

지공남에게 이동이란, 회상이다.

기억의 지점들을 잇는 철도의 선(線) 위에, 그는 오늘도 과거와 재회하러 간다.

그는 누구보다 많은 세금을 냈다

그들은 말하지 않는다. 그러나 우리 모두는 안다. 그는 대한민국이 경제 7위까지 올라오는 동안 기름때 묻은 손으로 공장을 돌렸고, 건설 현장에서 철근을 날랐으며, 가게를 지키며 사교육비와 등록금을 감당했다.

그렇게 살아낸 이들에게 한 장의 무임승차권은 '잔여 혜택'이 아닌 정당한 증표다.

'나도 한때 잘 나갔었다.' 이 말에는 단순한 자랑이 아닌, 인정받지 못한 기여의 울림이 있다.

지하철은 그의 '일상 무대'다

매일 정해진 시간, 같은 시간표, 같은 노선, 같은 커피. 누군가에게는 의미 없는 루틴이지만 그에게는 잃지 않기 위한 일상의 리듬이다.

지공남은 그 리듬 안에서 존재감을 유지한다. 말없이 눈인사를 나누는 다른 노인들, 열차 안에서 주섬주섬 까먹는 삶은, 아무 말 없는 작은 연극이다.

철학은 낭만이 아니라 고독을 살아내는 법이다

지공남은 철학자다. 무소유의 실천자이자, 오늘도 시간을 버티는 자다. 누구도 그에게 '생산성'을 요구하지 않는다.

하지만 그는 여전히 사회와 관계 맺기를 포기하지 않았다. 지공남이 타는 전철은 어디론가 향하기보다는 '어디에도 머무르지 않기 위한 실천'일지 모른다.

그는 바쁘지 않지만 움직이고, 가난하지만 고요하며, 늙었지만 지금도 진행 중인 서사다.

그들은 떠나지 않았다.

잠시 머물고 있을 뿐이다.

지하철 좌석 한 칸에 앉은 노인을 보면, 그의 몸짓을 무시하지 말자. 그는 오늘도 기차를 타고 세월 속으로 간다.

모두 언젠가 타게 될 바로 그 전철을, 지금 먼저 타고 있는 선배일지도 모른다. 공짜로 탄다 해서 가볍지 않다. 그들의 무게는 이미 삶에서 충분히 지불되었다.

이제는 우리가 그 좌석을, 존중으로 지켜드려야 할 때다.

경복궁에서 세계를 보다

 가끔 바쁜 일상을 벗어나 경복궁에 발걸음을 옮길 때가 있다. 예전에는 그저 웅장한 기와지붕과 넓은 마당을 바라보며 지나쳤지만, 이제는 조금 다른 눈으로 이곳을 본다. 궁궐의 고즈넉한 풍경 사이로 세계의 사람들이 섞여 걷는 모습을 보노라면, 한국이 더 이상 한반도 안의 나라가 아니라 세계 속의 나라가 되었음을 절감하게 된다.

 경복궁을 중심으로 뻗은 북촌과 서촌, 인사동과 익선동의 오래된 골목에는 전통과 현대가 교차한다. 옛 한옥 처마 밑에서 차를 마시는 외국인, 한복을 곱게 차려입은 젊은이들이 셀카를 남기는 모습은, 과거와 현재, 한국과 세계가 자연스레 어울리는 장면이다.

 그리고 그 길목을 조금 벗어나 명동에 들어서면, 오래전부터 한국의 풍경은 이미 세계 속에 열려 있었음을 실감하게 된다. 명동은 더 이상 우리만의 거리가 아니다. 전 세계의 관광객들이

몰려들어 한국어보다 외국어가 더 자주 들리고, 상점과 간판도 세계인을 향해 열려 있다. 명동은 이미 오래전부터 한국 속의 세계, 세계 속의 한국이 공존하는 상징적인 공간이 되어 있었다.

돌이켜 보면, 우리나라는 천연자원이 풍부하지 않았다. 그러나 문화와 예술, 그리고 그것을 일구어온 사람들의 힘이야말로 이 땅의 진정한 자원이 되었다. 그 힘이 K-POP이라는 이름으로 전 세계를 울리고, 한국 드라마와 영화가 세계인의 일상을 파고 들었다. 한때는 '대중가수'라 평가절하 되던 박진영이, 이제는 국가적 문화 전략의 상징으로 세워지는 모습은 단순한 개인의 영광이 아니다. 그것은 곧 문화 콘텐츠가 곧 국가의 힘이 되는 시대가 도래했음 을 알리는 역사적 사건이다.

AI 시대를 맞이한 지금, 우리 문화는 더 넓은 지평으로 확장되고 있다. 전통은 보존 속에서만 빛나는 것이 아니라, 새로운 기술과 만나 다시 살아난다. 경복궁의 단청이 디지털화면 속에서 재현되고, 우리의 노래가 전 세계인의 이어폰 속에 흐르는 순간, 문화는 더 이상 과거의 유물이 아니라 미래를 열어가는 자원이 된다.

청명한 가을 하늘 아래, 고궁을 산책하다 문득 이런 생각이 든다.

문화는 단순히 눈을 즐겁게 하고 귀를 달래는 것이 아니다. 그것은 한 나라가 스스로를 증명하고, 세계 속에서 존립할 수 있는 근본적인 힘이다. 그 힘이 있기에, 우리는 작고 가난했던 나라에서 세계가 주목하는 나라로 걸어올 수 있었다.

경복궁의 고요한 돌담길 위에서 나는 과거와 현재, 그리고 미래를 함께 본다. 그리고 깨닫는다. 이 길 위에 서 있는 우리는 단순히 한 나라의 국민이 아니라, 세계와 소통하는 문화의 주체라는 것을.

서울역, 떠나는 것들의 철학

인간은 끊임없이 떠난다. 행선지가 있어서 떠나는 것이 아니라 떠나는 길 위에서 비로소 자신이 어디에 있었는지를 깨닫는 존재이기 때문이다. 그 출발의 경계에 '서울역'이 있다.

서울역은 이상한 곳이다. 출발과 도착이 동시에 적혀 있는 시간표, 눈물을 감춘 채 손을 흔드는 사람들, 무심한 척 달려드는 기차, 그리고 아무 일도 없었다는 듯 다시 원래의 얼굴로 돌아서는 도시.

이곳을 오래 바라보고 있으면 깨닫는다. 이별이란 어쩌면 '한 세계가 다른 세계를 바라보는' 방식이라는 것을.

플랫폼에 선 사람은 두 종류로 나뉜다. 떠나는 사람, 그리고 떠나보내는 사람. 겉으로 보면 역할만 다를 뿐 모두 같은 행동을 한다. 한 손을 흔들고, 잠시 미소를 띠고, 그리고 어느 순간 말을 잃어버린다.

기차가 떠난 뒤에 남는 것은 긴 적막, 그리고 '내가 아직 여기에 있다'는 감각이다.

서울역은 물리적인 '역'임과 동시에 존재론적 질문이 펼쳐지는 무대다. 나는 왜 지금 여기 있는가? 나는 어디로부터 와서 어디로 가고 있는가? 플랫폼 끝에서 그 질문들을 마주할 때, 누군가는 비로소 자기 삶 전체를 끌어안고 다시 살아 볼 용기를 얻는다.

이곳은 늘 북적인다. 그 북적임 속에는 참 많은 층위의 동시대 한국인들이 서 있다. 직장인을 실은 통근열차, 고향으로 가는 귀성객들의 캐리어, 처음 서울을 밟는 청춘들의 불안한 눈빛, 그리고 어딘가로 갈 곳을 잃은 노숙인의 잠든 몸.

서울역은 말하듯이 묻는다. 여기서 당신은 어느 쪽에 서 있는가. 그러나 정답은 없다. 우리는 모두 끊임없이 서로의 자리를 교차하며 살고 있기 때문이다.

철학자 벤야민은 말했다. 도시는 늘 사람을 이별하게 만든다고. 서울역에서 바라본 도시는 바로 그런 얼굴을 하고 있다. 도시는 떠나보내고, 사람은 떠나가며, 기차는 그것을 시간 속으로 대신 실어 나른다.

그래서일까. 서울역을 바라보는 일은 결국 '나를 바라보는 일'로 귀착된다.

이별은 슬픈 일이 아니다. 어쩌면 이별은 살아 있다는 증거인지도 모른다. 더 이상 보낼 것도, 떠날 곳도 없는 존재는 멈춰 있는 것일 뿐이니까. 오늘도 나는 서울역 플랫폼 난간에 살짝 기대어 서서, 세상 어딘가로 떠나는 열차들을 바라본다. 그 속엔 누군가의 꿈과 불안, 약속과 비밀이 타고 있고 그 모든 것들이 나를 스쳐 지나간다.

그때 불현듯 생각한다. 떠나가는 것은 저 기차일까, 아니면 나의 어제일까.

장태희와 홍주
— 스카우터의 두 가지 회고

성과 가능성을 지닌 두 사람은 스카우터였던 내게도 오래 남는 이름이다.

홍주는 무대 경험이 많고 샤우팅이 탁월한 재원이었다.
그러나 지나친 자신감과 복잡한 기교로 노래 본연의 단순한 울림이 약해졌다. 트로트는 마음을 담는 장르다.
그녀는 훌륭한 가수였지만, 그 진심을 정제하지 못했다.

장태희는 탄탄한 국악 기반까지 갖춘 기대주였다.
172cm의 신체 조건과 미모, 타고난 끼와 유쾌한 언변가였다. 하지만 시기적 운과 매니지먼트의 방향 부재로 그 재능을 끝까지 꽃피우지 못했다.
「고향오빠」 같은 좋은 노래도 코로나-19 펜데믹이라는 변수에 묻혔다.

두 사람 모두 뛰어난 가능성을 지녔지만 겸손과 인내, 전략적 리더십이 함께하지 못한 점이 아쉬움으로 남는다.

그럼에도 나는 여전히 그들의 무대 복귀를 응원한다.

선생님은 제게 무대였고, 삶의 동행자였습니다

제가 서판석 선생님을 처음 만난 건, 목소리에 대한 확신도 없고 무대의 빛이 낯설던 시절이었습니다.

그때 선생님은 제게 말없이 이렇게 말씀하셨습니다.

"이건 시간이 걸려도 사람 마음에 남는 소리야."

그 한마디가 제 인생의 출발선이었습니다. 선생님은 단순한 매니저가 아니었습니다. 사람을 먼저 보고, 음악을 감싸 안아주는 분이셨습니다. 언제나 한 걸음 뒤에서, 가수의 마음까지 보듬어주셨던 예술 현장의 진짜 스승이셨습니다.

코로나 팬데믹으로 인해 저의 무대가 멈췄을 때도, 선생님은 "그 또한 노래의 한 구절이야"라고 위로해주셨습니다.

그 한마디조차 노래처럼 따뜻했습니다.

이 책 『딴따라 땡까송 노래하다』는 무대를 만들었던 한 사람의 예술적 철학이자, 가수와 함께한 세월의 기록입니다. 그림자로 살아오셨지만, 그분 덕분에 많은 가수들이 빛을 받았습니다.

저 역시 그 빛을 받은 가수로서, 이 자서전을 진심을 담아 추천 드립니다.

제 이름 뒤에 조용히 남겨졌던 그분이 이름 서판석. 그 이름이 이 책을 통해 오래오래 노래처럼 남기를 진심으로 기도합니다.

2025년 가을 **장태희**

땡까음 금지론

진짜 가수, 진짜 노래

이 글은 대중가요 특히 트로트 장르 속에 내재된 본질과 표현 방식을 재조명하며, '땡까음'이라 불리는 과도한 고음 지향과 기교 중심 창법이 초래한 왜곡을 비판적으로 분석한다.

음악은 크기나 기술의 과시가 아니라, 가슴에서 울리는 진실한 소리와 이야기를 담아야 한다는 점을 강조한다.

또한, 뛰어난 실력을 가진 한 가수의 경력과 실패 사례를 통해, 실력만으로는 부족하고 매니지먼트의 리더십과 전략이 필수적임을 보여준다.

이 글은 단순한 비평을 넘어, 가창 예술이 본래 지닌 서사와 진정성 회복을 촉구하는 회복의 선언이며, 후배 가수들에게 실질적인 길잡이가 되기를 바라는 마음으로 썼다.

왜 지금 땡까음 금지론인가

대중가요의 흐름이 점점 더 보여주기식 고음 경쟁으로 흐르면서 트로트 역시 정통성과 서사의 뿌리를 잃고 있다.

우리는 지금 소리를 크게 내는 것을 잘 부르는 것이라 착각하고 있다. 하지만 진짜 노래는 크기보다 방향, 힘보다 마음에서 출발해야 한다.

느린 박자 안에 깊이를 담아라. 빠른 박자는 기술일 뿐이다.

소리꾼 장사익 선생의 말씀은 지금도 우리를 가르친다.

땡까음의 폐해 : 고음과 기교는 감정의 대체물이 될 수 없다

땡까음: 의미 없이 땡 기고 까는 고음 중심 창법.

문제점: 감정의 흐름을 끊고 청자의 감성보다 청력만 자극한다.

저질 바이브레이션과 과한 꾸밈음은 오히려 가창의 가면이 된다.

진짜 가창력은 땡까음이 아니라 8마디 내내 소리를 낮춰 부르며 청중을 눈물 나게 하는 힘이다.

정통 발성의 미학 : 가슴소리와 말하듯 부르기

복식호흡, 후두 안정화, 두성 및 공명, 조절은 기본 발성의 핵심이다. 이야기하는 듯한 창법이야말로 트로트의 정수다.

기교는 기술이 아니라 노래와 노래 사이를 연결하는 접속사일 뿐이다.

나는 울지 않지만, 듣는 이가 울게 만들어야 한다.

트로트는 민속극이다. 서사와 표정, 몸짓의 총체극

트로트는 단지 노래가 아니라 무대 위의 인생 극이다.

표정, 눈빛, 몸짓, 하나하나에 노래보다 더 진한 메시지가 있다.

한 소절에는 부모의 인생, 자식의 고단함, 연인의 눈물이 함께 살려야 한다.

사례연구 : 한 가수의 길과 매니지먼트 실패가 남긴 교훈

이 사례는 특정 가수의 실명을 포함하므로 신상은 언급하지 않는다. 그러나 그의 실력, 외모, 끼를 모두 갖춘 보기 드문 재능이었다.

가수의 장점 - 172cm의 큰 키, 경기민요. 이호연 명창의 수련을 통한 탄탄한 성량.

구강 구조상 - 애절하고 따뜻한 음색을 지닌 엔카 스타일 창법에 감정을 지닌 소리꾼.

국악기반과 현대가요가 어우러진, 깊은 감정 표현이 가능한 보컬 스타일.

실제로 9년간 1000여 곡을 녹음하고 음반 10장 이상을 출반

한 실력자.

실패과정 - 그러나 회사에서는 그를 대형가수로 트레이닝 하는 과정에서 땡까 고음 중심의 기교를 강조하며 본래 지닌 엔카 스타일의 따뜻하고 다정한 음색을 살리지 못했다.

'크게 울려라, 더 높이 울려라'는 어설픈 과정이 오히려 장점을 묻히게 했다는 고백이 나온다.

매니지먼트의 리더십, 부재로 가수의 개성과 강점을 살리지 못하고 이기주의를 제어하지 못한 점도 큰 원인이다.

데뷔 후 좋은 곡들로 꾸준히 활동했지만 결정적인 히트곡을 얻지 못했다.

코로나19 시기에는 「고향 오빠」가 호평을 받았지만 사회적인 상황이 발목을 잡았다.

프로모터 50년의 회고 - 그는 최고를 겸비한 가수다. 그러나 회사가 방향을 잘못 잡았고 매니지먼트가 제 역할을 못 했다. 그래서 끝을 보지 못한 것이 늘 가슴에 아쉬움과 미안함이 남는다.

땡까음 금지송과 뽕짝 수업의 실제

교육적 수업 곡 : 땡까음 금지송

실전 발성 훈련법 - 후두 내리기, 숨 참기 훈련, 이명 훈련 등.

진짜 가수 진짜 노래

땡까음 금지론은 단순한 비판이 아니라 회복의 선언이다.

회복할 것 – 느림의 아름다움, 말하듯이 부르는 용기, 무대 위에서 인생을 걸었던 선배들의 철학.

끝을 맺으며

이 글이 후배 가수들에게 '작은 횃불'이 되기를 바란다. 그리고 노래하는 이들에게 말하고 싶다.

"노래는 나의 전부가 될 수 있다. 그러니 네 마음을 노래하라."

이 글은 당신의 소리와 마음을 기록한 생생한 역사입니다.

그래서 나는 이 기획에 참여했습니다

요즘 가요계에서는, 오히려 데뷔 이후에 수련 기간이 더 걸립니다. 준비 없이 서두른 데뷔, 음원 하나를 들고 단박에 무대에 오르려는 조급함은 결국 문제점을 낳습니다.

음악적 시행착오, 발성의 혼란, 예술적 정체성을 잃은 채 반복되는 '기계적 무대'는 가수 자신에게도, 듣는 이에게도 아쉬운 시간을 남깁니다.

그 길을 저는 너무 많이 지켜봐 왔습니다. 수많은 신인과 만나고, 컨택하고, 함께 호흡하며, 노래 한 곡의 의미부터 입 모양, 발성의 위치, 호흡의 타이밍까지 수천 시간의 레슨을 함께했습니다.

그 모든 시간, 저는 작곡가와 선배 음악인들에게서 들은 귀한 조언들, 노래의 본질과 혼을 전하는 이야기들을 가슴에 새겼습니다.

그래서 저는 이번 '땡까음 금지송' 기획에 참여했습니다. 이

기획은 단순한 트로트 한 곡, 풍자 한 줄이 아닙니다.

이건 수많은 시행착오를 겪은 '가수들의 역사'이고 무대 뒤에서 한평생 땀 흘린 딴따라들의 기록이자 고백입니다.

'딴따라 땡까음악을 노래하다'라는 말은 그저 재밌는 구호가 아니라, 저의 평생 작업을 다시 돌아보며 정당성을 밝히는 숙연한 고백이자 사명감입니다.

시대에 밀려난, 한 퇴역 딴따라

한때 나도 잘 나갔다
방송국을 누비고
무대 뒤를 지배하던 딴따라 서프로였다
부러울 게 없었지
아무리 인기스타라도
내 허락 없인 방송 스케줄 못 짰으니까
그 시절, 나는 분명 업계 '탑'이었다

하지만 인생이란 게 다 그런 거더라
빛나는 순간은 찰나고
시간은 누구에게나 공평하게 주름을 남긴다

지금은 그냥 퇴역한 한 딴따라일 뿐
술 한 잔 곁에 두고 예전 무대 영상을 보다

혼자 웃다가 눈시울 붉히는 밤도 있다
그렇지만 후회는 없다

부질없는 세상사
너도 한 번 늙어보라
세상이 그렇게 대단한 줄만 알았던
시절이 우습게 느껴질 테니

| 에필로그 |

딴따라는 노래였다

딴따라…
사람들이 이 말을 웃으며 내뱉었다
멸시와 조롱, 가벼운 농담처럼
그러나 나는 안다
딴따라는 광대가 아니라
예술이었다

악극단의 막이 오르고
가난한 소년의 꿈이 노래가 되었고
사랑을 잃은 여인의 눈물이
멜로디가 되었다

나는 그 무명의 무대에서

가수를 키우고 울음을 삼켰다
수많은 딴따라가 울고 웃던
그 뒤 무대에서
나는 무너지지 않기 위해 산에 올랐다
산은 피난처였고

내가 숨 쉴 수 있는
유일한 자유의 공간이었다

그리고 세월이 흘러,
K-POP이라는 이름으로
딴따라들이 세계를 울리고 있다
그 시작엔 무대를 지켜온
우리 같은 사람들이 있었다

나는 이제 말할 수 있다
딴따라는 노래였고
딴따라는 희생이었고
딴따라는 예술이었다

딴따라 땡까송 노래하다

2025년 9월 20일 초판 인쇄
2025년 9월 25일 초판 발행

지은이 / 서판석

발행인 / 강병욱
발행처 / 도서출판 교음사

03147 서울 종로구 삼일대로 457 수운회관 1308호
Tel (02) 737-7081, 739-7879(Fax)
e-mail : gyoeum@daum.net
등록 / 제2007-00052호

* 잘못된 책은 바꿔 드립니다. 값 15,000원

ISBN 978-89-7814-078-2 03670